명화로 만나는 생태

국립생태원 참여 연구원

[생태정보 제공 및 감수]

이희천(식물생태) 도재화(식물생태) 오창호(식물생태)
천광일(식물생태) 박수지(식물생태) 강근령(식물생태)
류태복(식물생태) 이창우(식물생태) 박수영(식물생태)

[기획위원]

강종현(생태교육) 김경순(복원연구) 김영건(복원연구)
박상홍(생태전시) 박영준(연구정책) 이태우(생태조사)
차재규(생태평가) 문혜영(미술사)   유연봉(출판기획)
이진원(출판기획)

명화 선정 자문

이주헌(미술평론가)

명화로 만나는 생태
❽ 풀

발행일 2024년 8월 30일 초판 1쇄 발행

글 김성화·권수진 | 그림 조승연
발행인 조도순 | 책임편집 유연봉 | 편집 이정대 | 기획 문혜영
외주진행 공간D&P(편집 임형진 | 디자인 권석연) | 명화정보조사 서현주
발행처 국립생태원 출판부
신고번호 제458-2015-000002호(2015년 7월 17일)
주소 충남 서천군 마서면 금강로 1210 / www.nie.re.kr
문의 041-950-5999 / press@nie.re.kr

ⓒ 김성화, 권수진, 조승연, 국립생태원 National Institute of Ecology, 2024
ISBN 979-11-6698-332-0 74400 979-11-6698-000-8 (세트)

[일러두기]
명화 정보는 작품명, 작가명, 제작 연도, 소장처 순서입니다. 정보가 없을 경우 표시하지 않았습니다.
이 책에 실린 모든 글과 그림을 저작권자의 허락 없이 무단으로 사용하거나
복사하여 배포하는 것은 저작권을 침해하는 것입니다.

⚠ **주의** 다칠 우려가 있습니다. 본 도서를 던지거나 떨어뜨리지 않도록 주의하십시오.
★ 환경 보전을 위해 친환경 용지를 사용하였습니다.

8 풀

글 김성화·권수진 / 그림 조승연

국립생태원
NIE PRESS

명화로 만나는 풀 이야기

그거 알아?
공룡 시대에 식물은 키가 엄청나게 컸어. 나무들이 경쟁이라도 하듯 하늘 높은 줄 모르고 높이 자랐어. 식물은 키가 커야 유리해. 더 높이 자라야 햇빛을 더 많이 받고 광합성을 더 많이 할 수 있어.
그런데 공룡 시대가 끝나갈 무렵 새로운 식물이 등장했어. 높이 자라기를 꿈꾸지 않고, 클수록 유리하다는 사실에 도전장을 내민 놀라운 식물이 말이야. 바로 바로 풀이었어. 조그만 풀이 커다란 나무의 뒤를 이어 지구에 탄생한 거야!
풀은 나무처럼 크게 자라고 오래 살지 못하지만 환경이 변할 때 잘 적응할 수 있었어. 홍수가 나고, 강이 범람하고, 가뭄이 들고, 지진이 일어나고, 태풍이 불 때에도 조용히 대를 이어 갔어.
풀은 빨리 자라!
싹이 튼 지 몇 주 만에 다 자라서 꽃을 피우고 씨앗을 퍼뜨려!
추운 겨울이 오면 죽어 버려. 겨우 뿌리만 남은 채 겨울을 나거나!
나무는 그렇게 하지 못해.

풀은 오래 살지 못하는 대신 살아남기 위해서 점점 더 전략이 다양해졌어. 동물에게 뜯어 먹혀도 다시 자라는 풀, 땅속에서 옆으로 줄기를 뻗으며 자라는 풀, 아침에 꽃잎을 열고 오후가 되면 꽃잎을 닫는 풀, 물에 사는 풀, 잎이 너무 큰 풀, 키가 너무 큰 풀, 땅바닥에 붙어 겨울을 나는 풀, 가짜 꽃을 피우는 풀……. 바로 그런 풀들이 이 책에 나와. 스무 점의 그림에 실려서 말이야.

때로는 풀밭이 배경이기도 하고 때로는 아무도 보지 않는 숲속의 조그만 풀 한 포기가 주인공이기도 해. 하지만 이파리 하나하나, 꽃잎 하나하나를 그리기 위해 위대한 화가들이 풀밭에 나가 눈을 부릅뜨고 풀을 관찰하고 열심히 그렸어. 그중에는 네가 한 번도 보지 못한 풀도 있을지 몰라. 많이 봤지만 자세히 들여다보지는 않았던 풀도 있을 거야. 아니, 어쩌면 넌 어른들보다 풀이름을 더 많이 알고 있는 대단한 아이가 아닐까? 네가 혹시 이 책에 나오는 풀을 다 알고 있다면 정말 운이 좋은 거야. 네가? 아니, 너를 만나게 된 이 책이 말이야.

차례

들어가는 글 /4

잔디는 왜 밟히고 깎여도 잘 자랄까? 〈물뿌리개를 든 소녀〉, 르누아르 /8

붓꽃은 피었다가 하루 만에 져 버려 〈붓꽃〉, 빈센트 반고흐 /16

백합의 뿌리를 본 적 있어? 〈카네이션, 백합, 백합, 장미〉, 존 싱어 사전트 /24

수련은 오후가 되면 꽃잎을 닫아 버려 〈아침 산책〉, 존 싱어 사전트 /32

비 오는 날에 연꽃을 보러 가, 꼭! 〈연꽃〉, 찰스 코트니 커런 /40

토란꽃은 100년에 한 번 볼까 말까 해 〈해변 카페〉, 장 베로 /50

눈밭에 수선화가 피었어 〈수선화와 제비꽃〉, 밀레 /58

다윈이 앵초꽃의 비밀을 풀었어 〈노란 구륜 앵초〉, 알브레히트 뒤러 /66

민들레는 대단한 풀이야 〈민들레〉, 밀레 /74

엉겅퀴가 나라를 구했다고?
〈개양귀비와 나비, 거미, 뱀이 있는 엉겅퀴〉, 프란츠 자베르 그루버 /84

국화꽃 한 송이는 한 송이가 아니야 〈국화〉, 대니엘 리지웨이 나이트 /92

해바라기는 왜 키가 클까? 〈센강 변의 해바라기〉, 구스타브 카유보트 /100

차례

수국은 가짜 꽃이야 〈정원 길의 수국〉, 산티아고 루시뇰   / 110

선인장은 왜 가시가 많을까?
〈실패를 들고 벽에 기댄 빈센치아나 소녀〉, 커트 아그테   / 118

양귀비가 왜 양귀비인지 알아? 〈개양귀비 들판〉, 클로드 모네   / 128

토끼도 닭도 염소도 토끼풀을 좋아해 〈네잎클로버〉, 윈슬로 호머   / 136

갈대는 볏과 식물이야 〈갈대숲의 판〉, 아르놀트 뵈클린   / 144

대나무는 수십 년 동안 사는 풀이야 〈묵죽도〉, 이정   / 152

소시지야? 아니, 부들이야! 〈봄날 아침〉, 제임스 티소   / 162

시계꽃은 꽃을 한 번도 본 적 없는 공학자가 만든 꽃 같아
〈벌새와 시계꽃〉, 마틴 존슨 히드   / 170

찾아보기   / 178
참고 도서   / 180

물뿌리개를 든 소녀
르누아르, 1876년,
워싱턴 국립 미술관

잔디는 왜 밟히고 깎여도 잘 자랄까?

르누아르 아저씨, 예쁘게 그려 주세요!

여기는 르누아르의 친구 모네의 집이야. 모네의 집에 친구들이

모였는데 귀여운 아이는 친구의 딸이야. 아이의 얼굴을 좀 봐.

르누아르 아저씨를 잘 따르고 좋아하는 게 분명해.

물을 주려고 정원에 나왔나 봐. 한 손에는 물뿌리개를 들고, 한 손에는

꽃을 꺾어 들고 화가를 보고 있어. 눈이 반짝반짝, 볼도 코도 발그레해.

하하, 그렇게 조그만 물뿌리개로는 턱도 없겠는걸. 물뿌리개에 물을

채우러 몇 십 번은 왔다 갔다 해야겠어.

하지만 아이는 물 주는 걸 벌써 잊어버렸을지 몰라.

이렇게 서 있다가 엄마가 밥 먹으러 오라고 부를 것 같아.

물은 내일 주지 뭐!

르누아르가 붓을 놓아.
아이도 집으로 들어가.
그림 속에 장미와 이름 모를 꽃들과 잔디만 남아 있어!
말도 안 돼. 어떻게 아이가 집으로 가 버려?
하지만 상상할 수는 있어. 왜냐하면 우리는 귀여운 아이가 아니라
잔디가 궁금하거든.

잔디를 모르는 아이는 없지만
잘 아는 아이도 별로 없을걸.

잔디는 이상한 풀이야.
아무리 밟혀도 죽지 않아. 길게 자랄 만하면 싹둑 깎이지만 끄떡없어.
오히려 더 푸르러지고 풍성해져.
밟히고 깎이면서도 잔디는 어떻게 번성할 수 있을까?
그건 잔디의 특별한 생장점 덕분이야.
생장점이라고?
식물에겐 생장점이 중요해. 생장점에서 세포가 분열해 키가 자라.
생장점은 보통 줄기 끝에 있어. 그래서 초식 동물이 우적우적 뜯어
먹으면 생장점도 초식 동물의 입속으로 사라져 버려. 더 이상 키가

자랄 수 없어.
하지만 잔디는 생장점이 줄기 밑동에 있어. 잎이 뜯어 먹히고 깎이고 밟혀도 생장점이 말짱하게 살아 있어서 얼마든지 또다시 자라나!
땅속에서는 줄기가 옆으로 옆으로 뻗어 가고 있어.
줄기는 땅 위로 자라는 거 아니야?
잔디는 생장점이 줄기 밑동에 있기 때문에 줄기가 위쪽으로 높게 자라지 못해. 대신 줄기를 옆으로 뻗어 가며 자라. 줄기가 땅속에 있는 덕분에 겨울에도 얼어 죽지 않아.
그렇게 계속 계속 잔디가 뻗어 가고, 뻗어 가고, 뻗어 가. 어느새 넓은 잔디밭이 돼.

5~6월쯤이 되면
잔디밭에 꽃이 피어나.

잔디가 그저 초록색 잎만 있는 풀인 줄만 알았다면 천만의 말씀이야.
잔디도 꽃을 피우고 열매를 맺어!
잔디밭에 엎드려 꽃을 찾아봐. 꽃 필 때가 되면 먼저 꽃줄기가 쑥 올라와. 거기에 짧고 가는 꽃이 피어.

잔디꽃이 보여?

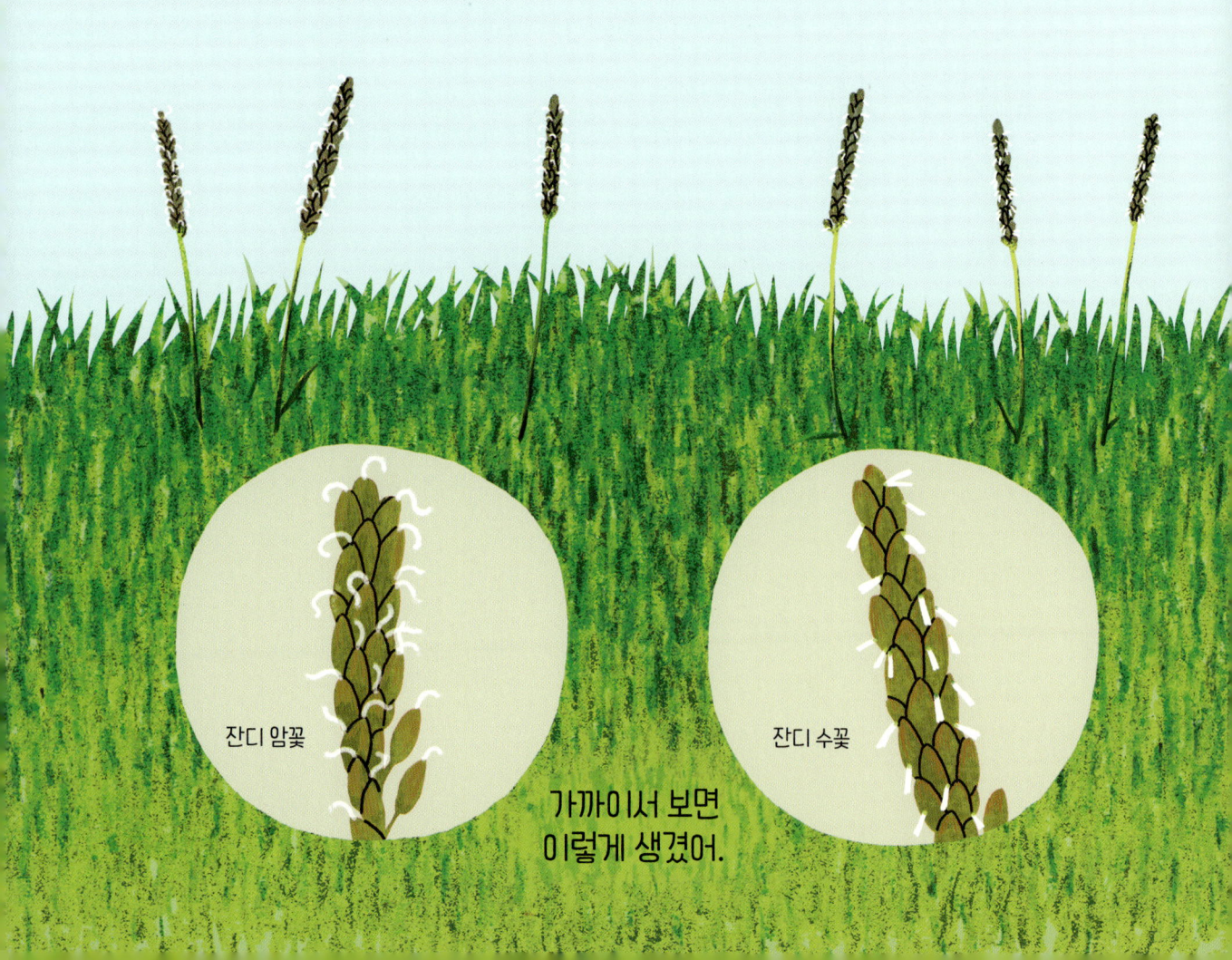

잔디 암꽃

잔디 수꽃

가까이서 보면 이렇게 생겼어.

암술은 하나인데 끝이 갈라져 있고, 수술들이 둘러싸고 있어. 자세히
보면 희끄무레한 꼬물꼬물 실 같은 것이 보이는데 그게 수술이야.
때가 되면 수술의 꽃가루주머니가 열리고 꽃가루가 터져 나와.
바람을 타고 꽃가루가 날아가. 그중에는 아무 데나 떨어지지 않고
멀리 날아가 다른 잔디꽃에 앉는 꽃가루도 있을 거야.
수술의 꽃가루가 다른 잔디꽃의 암술에 무사히 앉으면 와우,
꽃가루받이가 성공한 거야. 수술의 꽃가루와 암술에 들어 있는
밑씨가 만나 씨앗이 돼!
식물에게 왜 꽃이 있는지 생각해 본 적 있어?
이유는 딱 하나, 이 세상에 씨앗을 남기기 위해서야.

잔디꽃은 꽃잎이 없지만 그래도 꽃이야.
사람들은 잔디꽃이 피었는지 알지도 못하고
지나가 버리지만 그래도 꽃이야!

암술과 수술이 있고, 이 세상에 씨앗을 남긴다면 꽃이 어떻게
생겼든지 훌륭한 꽃이라는 말씀!
꽃은 지고, 그 자리에 따닥따닥 까만 열매가 달려.
볼래?

잔디 열매야!
속에 씨앗이 들어 있어.

동물들이 잔디 열매를 먹고 똥으로 싸. 사람들이 밟고 지나가면
신발에 묻어서 여기저기로 떠나. 고맙기도 하지!
훤한 들판이나 무덤가나 냇가 모래밭에 씨앗이 떨어져 뿌리를 내리면
운이 좋은 거야. 잔디는 햇볕이 잘 드는 곳에서 잘 자라고, 키 크고
무성한 풀이나 나무 밑에서는 자라기 힘들어.
옛날 사람들은 정원을 만들 때 잔디를 심지 않았어. 잔디는 그냥
들판이나 무덤가에 저절로 자라는 거라고만 생각했어. 하지만 지금은
일부러 잔디를 심고 가꿔. 잔디가 없는 공원은 상상하기 힘들어.
시장에서 씨를 사 와 마당에 심기도 하고 넓은 곳에는 잔디 덩어리를
흙째 통째로 옮겨 심기도 해.
잔디 덩어리를 듬성듬성 심어도 땅속에서 뿌리가 옆으로 뻗어 가며
잎을 피워 올려. 금세 보기 좋은 잔디밭이 돼.

붓꽃
빈센트 반고흐, 1889년, 폴 게티 미술관

붓꽃은 피었다가 하루 만에 져 버려

이런 꽃밭에 있으면 기분이 어떨까?

그림을 보고 있는데, 그림 안에 있는 기분이 들어. 엄지손가락만큼 조그만 아이가 되어서 꽃밭에 앉아 있는 거야.

파란색 꽃들이 기웃기웃 내려다봐.

기다란 잎들이 출렁출렁 구불구불.

어어…… 꽃들이 금방이라도 제멋대로 움직일 것 같아!

반고흐의 그림 〈붓꽃〉이야.

꽃이 활짝 핀 걸 보니 곧 씨를 맺어야 할 때인데, 붓꽃들이 모두 어디론가 가고 싶어 하는 것 같아.

그런데 잠깐! 온통 파란색 붓꽃 사이에 하얀 붓꽃이 하나 있어.

특별히 고흐 붓꽃이라 부르고 싶어.

1889년 5월 8일, 고흐는 몸도 정신도 너무나 쇠약한 채로 병원에
입원했어. 그래도 매일매일 그림을 그렸어. 1년 동안 병원에서 그린
그림이 150점이나 돼. 이건 그중에 첫 번째로 그린 그림이야.
그러니까 이 아름다운 꽃밭은 병원에 딸린 정원이야. 병원에서
그렸는데 그림이 우울하지 않아.

붓꽃은 키가 크고
성격이 시원시원한 귀부인 같아.

보라색 꽃송이는 기품이 있어.
어? 잠깐만! 그림 속의 붓꽃은 파란색인데?
고흐가 그릴 때에는 보라색이었는데, 지금은 색이 바래서 파란 꽃이
되었어. 빛에 민감한 붉은색 물감을 썼기 때문이야. 색이 바래도
고귀한 느낌은 그대로야.
기다란 잎을 좀 봐. 부드럽게 구불거리지만 아래로 처지거나 늘어진
게 하나도 없고, 모두 꼿꼿이 서 있어.
옛날 중세 시대에 유럽의 기사들은 기품 넘치는 붓꽃을 방패에 새겨
넣었어. 잎은 싸울 준비가 된 칼을 뜻하고, 보라색 꽃은 뜨거운 심장을
뜻해.

붓꽃은 풀 치고 훤칠하게 60~80센티미터쯤 자라.
5~6월, 꽃줄기 끝에 꽃봉오리가 2~3개 맺혀.
앗, 무엇을 닮지 않았어?

꽃봉오리가 선비들이 쓰는 붓처럼 생겼잖아!
아하, 붓처럼 생겼다고 이름이 붓꽃이었어!
이제 공원에서 붓처럼 생긴 꽃봉오리를 본다면 금방 알아볼 수 있을 거야. 자신 있게 소리쳐.
"여기 붓꽃이 피려고 해요!"
붓꽃은 꽃잎이 6장으로 겉쪽에 3장, 안쪽에 3장이야.
겉쪽 꽃잎에는 노란색 화려한 무늬가 있는데, 보라색 꽃잎에 노란색 무늬가 벌에게는 마치 비행기 활주로처럼 보여.
착륙해!
벌이 꿀을 먹는 동안 꽃가루를 잔뜩 묻혀.

붓꽃은 하루 만에 져 버려.
그러니까 벌들아, 혹시라도 붓꽃을 보면 지나치지 말고, 꼭 꽃가루를 날라 줘.

곤충들이 꽃가루를 묻혀 이 꽃 저 꽃 옮겨 다닌 덕분에 꽃가루가 다른 붓꽃의 암술에 묻어. 암술 속에 있는 밑씨와 꽃가루가 만나. 씨가 생겨!

하지만 잘 봐.
꽃은 시들었지만 그 자리에 길고 통통한 열매가 열렸어!
붓꽃이 무엇을 위해 쑥쑥 자라서 그렇게 우아하고 기품 있는 꽃잎을
피웠는지 똑똑히 알겠어.

**열매 하나를
세상에 남겨 두려고
그런 거야!**

초록색 열매가 점점 익어.
그 속에 씨앗도 여물어 가고 있어.
시든 꽃잎도 모두 떨어지고, 어느 날 열매 위쪽이 톡 터지면서
씨앗이 세상으로 나와.

카네이션, 백합, 백합, 장미
존 싱어 사전트, 1885~1886년, 테이트 브리튼 미술관

백합의 뿌리를 본 적 있어?

잠깐잠깐! 이 그림을 자세히 보기 전에 그림이 아주 크다는 걸 알아야 해. 자그마치 가로 1미터 54센티미터, 세로 1미터 74센티미터라고! 아빠 키만큼 커다란 그림이 눈앞에 있어. 다리를 들어 올려 걸음을 내디디면 우와! 정원 속으로 들어갈지 몰라.
백합꽃 아래에서 여자아이 둘이 무얼 하고 있는데? 똑같은 잠옷을 입고, 진지하기 그지없어.
"얘들아, 뭐 해?"
다가가서 물어보고 싶지만 너무 집중해서 아무 소리도 못 들을 거야.
꽃들도 소녀를 쳐다보는 것 같아. 풀들도 뭐 하나 귀를 기울여.
소녀들을 내려다보는 백합의 표정을 좀 봐!
하하, 꽃들도 궁금한 거야.

아하! 소녀들은 지금 정원에 걸어 둘 등불을 밝히고 있는 중이야.
해가 막 지고, 백합 정원에 어둠이 내려앉는 때야. 숨이 턱 막힐 만큼 평온하고 아름다워서 여기는 천국의 정원이 아닐까 싶고, 소녀들은 천사가 아닐까 생각이 들어.
이 그림이 탄생하게 된 데는 사연이 있어.
젊은 초상화가 존 싱어 사전트는 1885년 여름, 어느 휴양지 마을에서 지내게 되었어. 그곳에서 조그만 여자아이 둘이 정원에 등불을 밝히는 모습을 보고 그림으로 그리기로 마음먹었어.
그런데 너무 어려운 거야. 저녁의 아스라한 빛을 그림 속에 담아내고 싶은데 잘 안 돼.
여름날 해가 지고 밤이 찾아오기 전, 공기의 빛깔을 본 적 있어?
존 싱어 사전트는 신비로운 그 색깔을 그림 속에 담고 싶어 했어.
하지만 그 시간은 10분도 안 되어 사라져 버려.
사라지는 해를 붙잡아 둘 수 있다면 얼마나 좋을까?
사전트는 두 소녀에게 부탁을 했어. 내일도 모레도, 다음날도 그 다음날도 같은 모습으로 같은 시간에 이곳에 서 있어 달라고.
소녀들은 흔쾌히 화가 아저씨의 부탁을 들어 주었어. 두 달 동안이나 매일 같은 옷을 입고 같은 자리에 꼼짝 않고 서 있었어.
사전트는 매일매일 그림을 그렸지만 너무 더뎠어.
여름이 훌쩍 지나가고 있어.

정원의 장미와 백합도 벌써 시들었고 풀도 차츰차츰 말라 갔어. 아직
백합을 못 그렸는데!
할 수 없이 조화를 만들어 정원에 걸었어.
그래도 그림을 끝마치지 못했지 뭐야.
겨울이 오고 다시 봄이 왔을 때 사전트가 그림을 완성하려고 마을로
돌아왔어. 여자아이들은 없지만 꽃들은 다시 그 자리에 피어나
사전트를 반겨 주었을 거야.

그림 속에 백합꽃을 찾아봐.
그 중엔 조화도 있을지 몰라.

그림 속의 백합은 나팔백합이야. 나팔백합은 꽃송이가 하늘을 향하지
않고 고개를 옆으로 기울이고 피어나. 그래서 그림 속에서도 소녀를
내려다보고 있는 거야, 몹시 궁금한 듯이!
나팔백합은 흰 꽃이 많은 데다 꽃잎이 나팔처럼 벌어져서 암술과
수술이 잘 보여. 그래서 식물 교과서에 잘 나오는 꽃이야. 암술이 1개,
수술이 6개야. 수술에는 꽃가루가 가득 든 꽃가루주머니가 달려 있어.
암술 끝에는 꽃가루가 앉는 암술머리가 있고, 아래쪽에는 씨방이
있는데, 속에 밑씨가 들어 있어.

크고 아름다운 꽃을 피우는 백합을 보면 궁금해져. 이렇게 크고
아름다운 꽃송이는 어떻게 생겨났을까? 크고 아름다운 꽃송이를
피우는 일은 조그만 풀에게 보통 에너지가 많이 드는 일이 아니거든.
아름다운 꽃들이 지구에 어떻게 생겨났는지 정확히 알 수는 없지만
덕분에 곤충이 날아온다는 거야. 식물은 꽃가루를 옮기려고 여기저기
돌아다닐 수 없어. 있는 자리에서 꽃가루를 퍼뜨릴 수밖에. 바람을
이용하기는 쉬워. 때가 되면 꽃가루주머니를 열고 꽃가루를 날려
보내면 돼. 하지만 숲이나 들판에 같은 종은 드문드문 있을 뿐이고,
대개는 멀리 떨어져 있어. 바람으로 꽃가루를 날리는 건 별로 좋은
방법이 아니야. 누군가 꽃가루를 날라 주면 좋을 텐데…….
있어, 있어! 하늘을 날아다니는 작은 동물, 바로 바로 곤충이 꽃가루
배달부로 딱이야. 백합은 커다란 꽃송이로 곤충들에게 광고해.

애들아, 나 여기에 있어!

백합은 곤충을 더 잘 유인하려고 꽃 속에 달콤한 꿀도 준비해 놓았어.
곤충들이 날아와 꿀을 먹고, 꽃가루를 몸에 묻히고 또 다른
백합꽃으로 날아가 꿀을 먹으며 암술에 꽃가루를 떨어뜨려. 그렇게
이 꽃에서 저 꽃으로 꽃가루를 날라 주는 거야.

백합은 겨울에도 뿌리가 죽지 않는 여러해살이풀이야. 사람들은
백합의 꽃을 보고 감탄하지만 뿌리는 별로 궁금해하지 않아. 땅속에
잘 있겠지, 뭐!
하지만 뿌리를 눈앞에서 본다면 깜짝 놀랄걸.

우와, 마늘이야? 양파야?

마늘처럼 작은 조각들이 보여? 조금 과장하면 백 개나 되는 조각이
합쳐졌다고 이름이 백합이야.
이렇게 크고 둥근 알뿌리에 영양분을 한가득 저장하고 있으면
가물거나 땅이 척박해지거나 환경이 안 좋아져도 다음 해에 꽃을
피우고 열매를 맺는 데 큰 걱정이 없을 거야.
그런데 알뿌리는 영양분을 저장하는 것 말고도 놀라운 일을 해.
알뿌리로 자손을 퍼뜨려!
마늘 같은 작은 조각을 뜯어 하나씩 땅에 심으면 하나하나마다 새로
뿌리가 나와. 하하, 환경이 나쁜 해에도 자손을 퍼뜨리기 위해 이렇게
대비책을 마련해 놓은 거야.

아침 산책
존 싱어 사전트, 1888년,
개인 소장

수련은 오후가 되면
꽃잎을 닫아 버려

아름다운 귀부인이 연못가로 산책을 나왔어.
아침 햇살이 하얀 드레스를 비추고 있어.
화가의 이름을 잘 봐.
존 싱어 사전트라고?
앞에 나온 화가잖아. 백합 정원에서 등불을 밝히는 두 소녀를 그린 존
싱어 사전트 말이야. 사전트는 백합 정원 그림을 완성하고 다음 해에
모네의 집을 방문했어. 모네는 유명한 화가였고 나이도 한참
위였지만 사전트를 친구처럼 맞아 주었어. 그런데 이것 좀 봐.
사전트가 모네를 만나고 난 후에 사전트의 그림이 어딘지 달라졌어!
대충 그린 듯한데도 더없이 완벽하게 느껴지는 모네의 그림 풍을
닮아 가고 있어. 1년 전만 해도 한 땀 한 땀 공들여 그렸는데 이제는

슥삭슥삭 거칠게 붓질한 자국이 느껴져? 하얀 드레스와 연못에 비친 구름도, 연못가 풀들도 슥삭슥삭. 연못에 떠 있는 수련의 잎은 그냥 대충 커다랗게 점을 찍은 것 같아. 정말 수련인지 아닌지도 그림만 보아서는 알 수 없을 정도야. 그래도 연못은 싱그럽기만 하고 부인의 하얀 드레스는 빛이 나고, 공기는 신선하게 느껴져.
지금은 봄인가 봐. 여름이 오면 연못에 아름다운 꽃들이 둥둥 피어날 거야. 연못에 떠 있는 풀잎이 정말로 수련이라면 말이야.

**수련은 대단한 식물이야.
뿌리와 줄기가 물속에 있고,
잎과 꽃은 물 위에 떠 있어.**

수련은 살기가 험난해. 물속에서 뿌리를 내리고, 물살에 견디면서 위로 위로 자라야 해. 그래서 수련에겐 굵고 튼튼한 줄기가 있어.
물 밑 땅속으로 줄기를 뻗으며 뿌리를 내리고 잎을 틔워.
잎자루가 점점 자라. 하지만 아직도 물속이야.
멈추면 안 돼. 더 높이 올려. 아직도 멀었어.
휴, 드디어 물 위로 나왔어.
이제야 잎을 펼쳐!

수련의 잎은 넓고 평평해.
잎을 많이 못 내는 대신 잎 하나가 아주 커.

6월이 오면 수련꽃이 활짝 피어.
수련은 아침 일찍 꽃이 피고
오후 2~3시가 되면
꽃잎을 닫을 준비를 해.
"영업 끝났어요!"

사람들은 매일 수련이 꽃잎을 닫는 걸 보고 꽃이 잠을 잔다고 잠잘 수, 연꽃 연, 수련(睡蓮)이라고 불렀어.
하지만 꽃이 어떻게 잠을 자겠어?
그건 수련의 전략이라고!

꽃향기에 이끌려 아침부터
꽃등에와 딱정벌레들이 날아와.
그런데 어떤 녀석들은
꽃잎이 닫힐 때 빠져나오지 못해서
밤새 꽃잎 속에 갇혀!

하지만 나쁘지 않아. 꽃 속은 따뜻하고 꽃가루도 많은걸.
다음 날 아침, 꽃잎이 열리면 꽃가루 범벅이 되어서 튀어나와. 고마운 곤충들 같으니라고. 그렇게 꽃가루를 여기저기 수련의 암술에 묻혀 준다니까.
수련은 아침이면 꽃잎을 벌리고 오후가 되면 꽃잎을 닫기를 3~4일쯤 해. 꽃가루받이가 끝나면 수련은 꽃잎을 닫고 며칠을 지내. 그런 다음 놀라운 일이 일어나.
어어? 어어?
뭐야, 뭐야?

이것 좀 봐!
꽃이 가라앉고 있어!

꽃과 열매가 물속으로 가라앉아!
씨앗이 더 잘 싹틀 수 있도록 물 밑 진흙에 더 가깝게 내려가는 거야.

물속에서
꽃이 썩고 열매가 익어.
열매도 점점 썩어.

하지만 걱정하지 마. 그렇게 해서 씨앗들이 쉽게 열매 밖으로 나올 수 있는 거야. 씨앗들이 물 밑 진흙에 묻혔다가 어느 날, 싹이 트고 뿌리를 내려. 그게 수련이 살아가는 아주 오래된 방법이야.
수련처럼 물에서 사는 식물들이 있어.
검정말은 잎까지 모두 물속에 잠겨서 살아. 개구리밥, 부레옥잠은 뿌리가 물속에 둥둥 떠 있어. 물수세미, 마름, 연꽃은 수련처럼 물속 진흙땅에 뿌리를 내리고 잎과 꽃은 물 위로 올려 보내.

연꽃
찰스 코트니 커런, 1888년, 테라 미국 미술 재단

비 오는 날에 연꽃을 보러 가, 꼭!

연꽃이 한가득 피었어.
땅 위에?
아니, 호수에!
연꽃이 어찌나 많은지 그림 속에 배가 없었으면 꽃이 물 위에 있는지 땅 위에 있는지 모를 정도야.
멋진 드레스를 입고, 초록색 양산을 쓰고, 귀부인 둘이 배 위에 앉아 있어. 한 사람은 한가롭게 연꽃을 따고 한 사람은 무릎에 연꽃을 가득 올려놓았는데, 연꽃을 따려고 배를 탔을까? 배를 타고 보니 연꽃이 너무 예뻐서 따고 있는 걸까?
하하, 어쩌면 그냥 폼만 잡고 있는 걸지도!
배를 좀 봐. 연못 한가운데 있는데 노도 없잖아. 그림에는 안 보이지만 배 앞쪽에 화가가 앉아서 스케치를 하고 있는 게 틀림없어. 화가의 이름은 찰스 코트니 커런이야. 오른쪽 사람은 화가의 아내 그레이스이고 그 옆에는 그레이스의 사촌이야. 찰스 코트니 커런과 그레이스는 며칠 전에 결혼식을 올렸어.

이 그림의 제목은 〈연꽃〉인데, 화가는 부인이 연꽃만큼 예쁘다고 생각했을까? 연꽃이 부인만큼 예쁘다고 생각했을까? 당연히 연꽃이 더 예쁘지. 우리는 그렇게 생각해!

연꽃은 연못 속 진흙땅에 뿌리를 내리고 물 위로 높이, 잎과 꽃을 피워 올려.

연꽃을 가까이서 본 적 있어? 연꽃은 식물 이름이 '꽃'으로 끝나. 그런 풀이 몇 가지 있는데 나팔꽃, 붓꽃, 과꽃이 그래. 혹시 꽃이 너무 예뻐서 그럴까? 연꽃은 꽃잎이 더없이 부드럽고 은은해 보여. 잎은 우산을 거꾸로 뒤집어 놓은 것처럼 크고 오목해. 연꽃은 지구에 단 두 종뿐이야. 그래서 더 신비하게 느껴져. 노란색 꽃을 피우는 미국황련과 분홍색이나 흰색 꽃을 피우는 연꽃 종이 있어.

조그만 새들도
커다란 잎에 내려앉아
쉬어 가.

후드득후드득! 비가 점점 더 세게 쏟아져. 억수같이 쏟아져!
괜찮을까? 커다란 잎을 받치고 있는 잎줄기가 흔들흔들, 꽃도
흔들흔들해. 걱정이야. 커다란 잎과 꽃이 거센 빗줄기에 무사할까?
잎이 우산을 거꾸로 뒤집어 놓은 것처럼 생겼는데 오목한 잎에
빗물이 차면 어떡하지?

걱정 마! 잎은 조금도 젖지 않아.
마른 수건처럼
보송보송하기만 해!

폭우가 내리는 날에도 이파리 위에는 겨우 물방울이 몇 개뿐이라니까.
동글동글 물방울을 좀 봐. 찌그러진 데 하나 없고 퍼지지도 않았어.
물방울이 똑바로 서 있다고 해도 될 정도인걸. 그래서 구르기도 엄청
쉬워. 바람이 살짝만 불어도 잎이 휘청이고, 또르르 떼굴떼굴!
물방울이 와르르 쏟아져 내려.
너무 신기해서 과학자들이 현미경으로 들여다보았어.
연잎 표면에 1센티미터를 1억 개로 쪼갠 크기의 나노 돌기들이 수없이
돋아 있었어. 돌기와 돌기 사이도 너무 좁아서 물이 퍼지거나 스밀 수
없고, 돌기 위에 물방울 모양으로 맺히게 돼. 잎이 조금만 흔들려도
또르르 굴러 밖으로 떨어져!

이 모습은 꼭 진짜로 봐야 해. 가까이 공원이 있고, 운 좋게 거기에 호수가 있고, 진짜로 운 좋게 연꽃이 피어 있다면 비가 오는 날에 연꽃을 보러 가. 비가 많이 내릴수록 더 좋아!

비가 오든지 말든지 연못 아래 진흙땅 속에서는 줄기와 뿌리가 자기 할 일을 하고 있어. 연꽃의 줄기는 벌써 먹어 보았을걸. 엄마가 연근 반찬을 해 주실 때 보았겠지? 구멍이 숭숭 뚫리고 아삭아삭한 바로 그것! 보통은 연근이 뿌리라고 생각하는데 아니, 그건 바로 줄기야.

그런데 왜 줄기에 구멍이 숭숭 나 있을까?

연못 속 진흙땅에는 산소가 부족해. 식물도 숨을 쉬어야 한다고. 그래서 잎에서 산소를 받아들여 줄기를 지나 뿌리까지 보내는 거야. 숭숭 뚫린 구멍은 공기가 지나가는 길이고, 공기를 저장하는 공간이야.

그런데 이상하지. 수련도 똑같이 물 밑 땅속에 줄기가 있는데, 거기에는 구멍이 없거든.

7~8월이 되면 꽃이 고고하게 피어. 그런데 꽃잎 한가운데 암술이 너무 웃기게 생겼어.

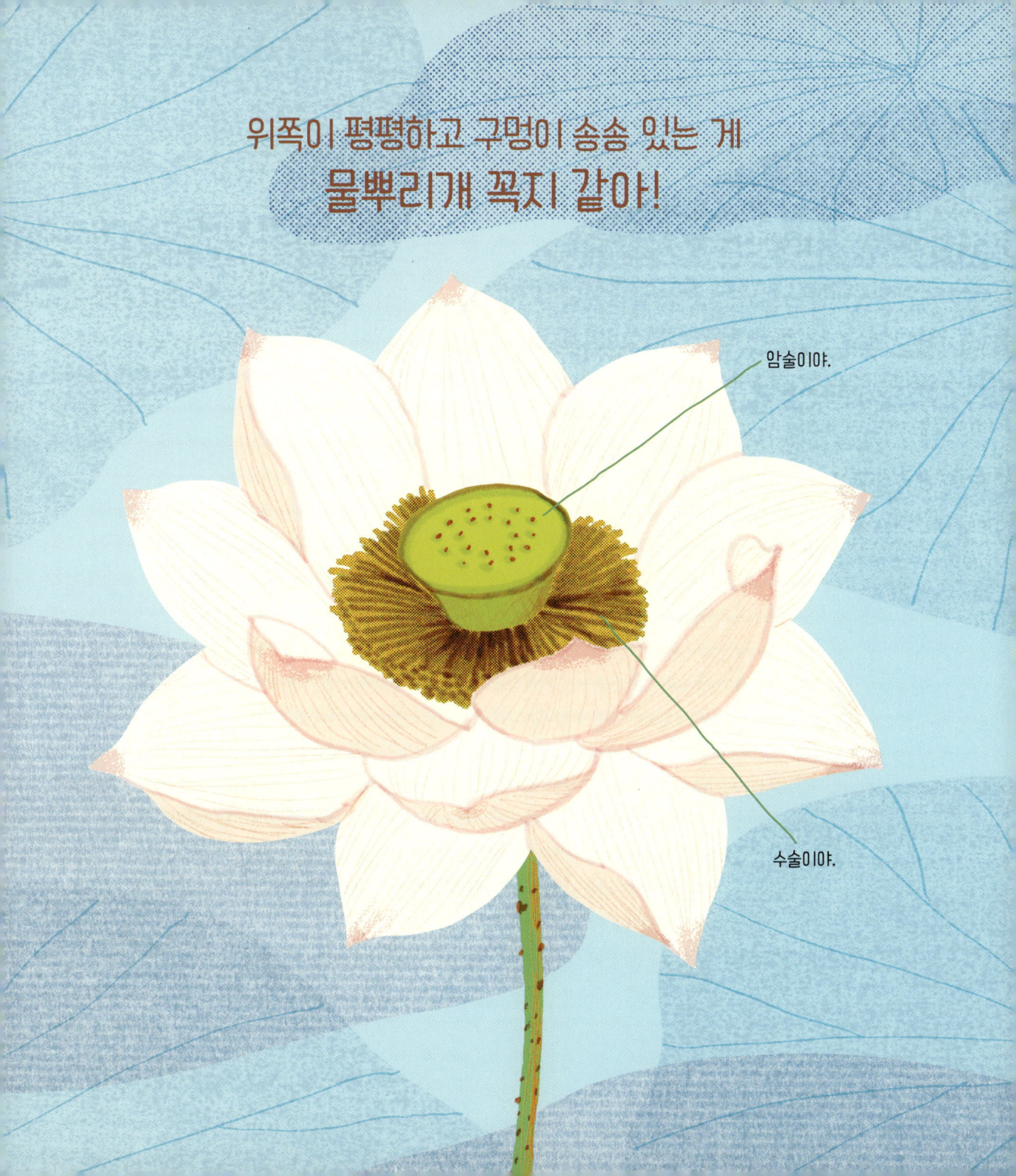

10월쯤 되면 열매가 완전히 익고, 고개가 푹 수그러져.
그리고 어느 날, 열매에서 콩처럼 생긴 씨앗들이 물속으로 떨어져!
씨앗들이 물속을 흘러가다 진흙 속에 묻혀. 적당한 때가 되면 싹이 틀 거야.
연꽃의 씨앗은 껍질이 단단하고 튼튼하기로 유명해.
2009년, 경상남도 함안군에서 성산산성을 발굴하다가 연꽃 씨앗을 발견했는데 과학자들이 조사해 보니 무려 700년 전 고려 시대의 씨앗이라는 거야!
식물학자들이 가슴을 졸이며 씨앗을 심었어.

싹이 텄을까?

빙고! 뿌리가 나고 꽃이 피고 씨앗도 맺었어!
씨앗이 싹트고, 땅속에서도 줄기가 뻗어 나가며 잎과 꽃을 피워 올렸어.
지금은 연못에 연꽃이 한가득 되었어.

해변 카페
장 베로, 1884년,
클라크 아트 인스티튜트

토란꽃은 100년에 한 번 볼까 말까 해

의자 하나, 테이블 하나. 거기에 누군가 쓸쓸히 앉아 있어.
바다를 바라보며 혼자서 술을 마셔.
하늘은 온통 회색빛이고 바다도 회색빛이야. 회색빛 배가 돛을
내리고, 하얀 증기를 내뿜으면서 항구로 들어오고 있어.
배를 기다리는 걸까? 기다리는 누군가가 배에 타고 있을까?
여보세요, 배를 기다리고 있다면 이제 그만 술잔을 놓고 부두로
가야죠! 하지만 여인은 일어날 생각이 없어.
이 그림은 장 베로가 그린 〈해변 카페〉야. 100년도 훨씬 전 프랑스의
어느 바닷가 모습이야. 옛날 옷을 입고, 배도 증기선인데 이상하게
옛날 같지가 않아.
장 베로는 도시 사람들을 많이 그린 화가야. 출근하는 신사들,

강아지를 데리고 산책하는 귀부인, 가로등 아래서 누군가를 기다리는
아가씨, 우산을 들고 바쁘게 오가는 사람들을 그렸어. 또 힘들게
일하는 노동자와 먹을 것을 구걸하는 사람들의 모습을 자세히 관찰해
그림 속에 담았어.

어느 날 베로는 엉뚱한 생각을 하게 되었어. 자연스럽고 생생한
모습을 그리려는 열의에 불탄 나머지 마차를 화실로 개조해 거리에
세워 놓은 거야. 마차에 창문을 내고 바깥을 몰래 관찰하며 그림을
그리려고 말이야. 150년 전의 몰래카메라인 셈이야.

이 그림은 어떻게 그렸는지 알 수 없지만 비스듬히 돌아앉은 여인은
깊은 생각에 잠겨서 화가가 뒤에서 그림을 그리든 말든 상관하지
않을 것같이 보여.

얼마나 그렇게 오래 앉아 있었을까? 하고 생각하는 순간 그림이 말해
주고 있다는 걸 알게 돼.

술병은 반쯤 비고, 안주도 다 먹었어. 처음에는 커다란 차양 막이
그늘을 만들어 주었을 테지만, 해가 점점 옮겨 가고 그늘도 이제
사라져 버렸어. 하지만 여인은 그 자리에서 꼼짝도 하지 않아.

그래도 화가는 여인이 너무 쓸쓸하게 보이지 않도록, 작은 꽃들과
잎이 아주 커다란 풀을 한 아름 그려 넣어 주었어.

잎이 거의 테이블만큼이나 커다란 식물이 보여? 토란이야!
토란은 뭐니 뭐니 해도 커다란 잎이 존재감 뿜뿜이야!

토란잎은 심장처럼 생겼고,
코끼리 귀만큼 커.

옛날 아이들은 커다란 토란잎을
우산처럼 쓰고 놀았어.

학교에 가다가 비가 와? 그럼 토란잎을 꺾어 머리에 써!

토란은 옛날부터 우물가나 도랑가, 밭둑에 많이 심어 키운 채소야.
기다란 잎자루나 알뿌리를 먹으려고 말이야. 나물로 무쳐 먹거나
국으로 끓여서 먹었어.

외국에서는 잎을 보려고 정원에 많이 심어 키웠어.
〈해변 카페〉에서도 정원에 한가득 심겨져 있잖아.

토란은 봄에 알뿌리를 심어서 키워. 더디게 싹이 나지만, 한번 싹이
나면 쑥쑥 자라서 커다란 잎을 피우고 땅속에 또 알뿌리를 여러 개
만들어. 알뿌리에 영양분이 많아서 땅이 품은 알이라는 뜻으로
이름이 토란이 되었어. 알토란이라는 말도 있는데 들어 봤어? 속이 꽉
차서 실속이 있다는 뜻으로 쓰여.

그거 알아?
토란꽃은 100년에 한 번 볼까 말까 해!

정말 그 정도로 보기가 어려운 꽃이야. 어디에 토란꽃이 피었다 하면
차를 타고 몇 시간을 달려서 구경을 갈 정도야.
토란꽃은 너무 귀해서 꽃말도 행운이야. 100년에 한 번 볼까 말까 한
꽃이라면, 사실 토란꽃을 본 것만 해도 엄청난 행운이 맞아!

토란꽃은 왜 그렇게 드물게 필까?

토란도 꽃을 잘 피울 수 있어. 자기가 자라던 곳에서는 말이야. 토란은 원래 열대 식물이었어. 고려 시대에 우리나라에 전해졌는데, 자기가 살던 곳보다 날씨도 너무 추운 데다 오랫동안 사람들이 알뿌리를 심어 키우다 보니 꽃이 거의 퇴화하고 말았어. 하지만 요즘은 날씨가 더워진 덕분인지 토란꽃이 피었다는 소식이 이따금 들려.

뾰족하게 솟은 노란 방망이가 보여?
그게 바로 토란꽃이야!

노랗게 생긴 꽃잎은 뭘까?

그건 꽃이 아니야. 꽃을 보호하는 망토야. 잎이 모양도 색깔도 꽃처럼 변한 거야.

돋보기로 들여다봐. 노란 방망이에 촘촘히 수꽃들이 피어 있고, 아래쪽 초록색 안에 암꽃들이 숨어서 가득 피어 있어. 노랑 방망이가 바로 수십 수백 송이 꽃다발인 셈이야.

토란꽃은 보기도 힘들고, 모양도 희한해.

토란꽃을 보면 꽃말처럼 정말 행운이 찾아올지 몰라!

수선화와 제비꽃
밀레, 1867년경, 함부르크 미술관

눈밭에 수선화가 피었어

무슨 꽃일까?

하얀 받침에 노란 컵이 얹혀 있는 것같이 생겼어.

이 꽃의 이름은 수선화야.

그림을 보니 겨울이 지나간 지 얼마 되지 않았어. 나무에는 아직 잎도 나지 않았고, 풀들은 겨울의 갈색빛이 아직도 그대로야. 숲속은 춥고 캄캄해 보이는데, 나무 아래 수선화는 벌써 밝게 피었어.

수선화의 얼굴을 좀 봐.

표정이 있어!

처음 보는 세상이 신기해서 요리조리 둘러보고 있는 것 같아. 앞에 있는 조그만 제비꽃에게도 뭐라 뭐라 말을 거는 것 같고.

이렇게 예쁜 수선화를 그린 화가는 장 프랑수아 밀레야.

밀레는 프랑스의 농촌 마을에서 태어나 22세에 그림 공부를 시작했어.
청년이 되어서 그림 공부를 시작했는데도 밀레는 위대한 화가가
되었어. 처음에 밀레는 초상화를 그려 주는 것으로 얼마 안 되는 돈을
벌며 살았는데 언젠가부터 그림에서 귀부인의 얼굴은 사라지고, 씨를
뿌리고, 감자를 심고, 추수를 하는 농부와 농부의 아내가 등장하기
시작해. 그 뒤로 계속 일하는 농부들을 그렸어. 사람들이 생각할 때
농부는 평범하고 고된 일을 하는 사람이야. 아니! 밀레의 그림을 보면
세상에서 가장 위엄 있고 경건한 마음을 가진 사람이야.
〈수선화와 제비꽃〉은 밀레가 유명해진 훗날에 그린 그림이야.

대가의 그림이라기에는
너무나 소박해.

부잣집 거실에는 도무지 어울리지 않을 것 같아. 화려한 꽃병에 들어
있는 화려한 꽃이 아니라 숲속 어딘가에 피어난 조그만 풀꽃들이
주인공이야. 도화지만 한 종이에, 파스텔로 그렸어. 나무줄기는 어둡고
스산하기만 하고, 시든 풀이 삐죽삐죽 돋아 있어. 아무도 눈여겨볼 것
같지 않은 숲속의 흙길에 수선화가 피어 있어. 하지만 수선화는
고고하고 용감한 꽃이야. 바람이 차가운 이른 봄에 가장 먼저 피어나.

어떻게 된 거야?
눈밭에 수선화가 피었어!

수선화는 아직도 춥기만 한 2월에 꽃을 피워. 그래서 눈이 뒤늦게 내리기라도 하면 하얀 눈밭에 꽃이 피어 있는 모습에 사람들이 깜짝 놀라.

눈이 무거워서 수선화가 절을 하고 있어.

에고, 줄기도 휘어졌어.

하지만 괜찮아. 이른 봄에 내린 눈은 금방 녹을 거야. 태양이 나오면 다시 고개를 들고 생생해져.

수선화는 이른 봄에 피는 키 작은 들꽃들 가운데 우뚝 서 있어.

조그만 들꽃들에 비하면 꽃도 크고 잎도 시원하게 쭉쭉 뻗어.

수선화는 세찬 바람이 불어도 쓰러지지 않아.

잎을 만져 보면 알아.

잎과 꽃대가 보기보다 두꺼운 데다, 그냥 쭉 뻗기만 한 게 아니라 한 번 꼬아져 있는 게 비결이야.

2~3월에 꽃이 피었다 지고, 6월쯤 되어 더위가 찾아오면 잎도 떨어져.

다른 풀들은 아직 싱싱할 때 잎까지 모두 시들어 버려서 수선화를 처음 키우는 사람들은 수선화가 죽은 줄 알고 버리려 한다니까.

수선화도 알뿌리가 있어. 알뿌리로 겨울을 나고, 봄이 되면 알뿌리가 저절로 벌어지며 새싹이 나와. 대개 알뿌리로 번식을 하기 때문에 씨를 잘 맺지 못하게 되어 버렸어. 어쩌다 씨를 맺어도 씨가 땅에 떨어져 싹이 나기까지 몇 년이 걸려.
수선화의 꽃말은 '자기 사랑'이야.
혹시 나르시시스트라는 말을 들어 보았어?
자기가 너무너무 잘났고 아름답고 멋있고 대단하다는 환상에 빠진 사람을 말하는데, 수선화 탄생 신화에서 생겨난 말이야.
고대의 그리스 아이들은 수선화가 탄생한 전설을 들으며 자랐어.

옛날에 나르키소스라는 아름답고 잘생긴 청년이 있었어.

수많은 요정들과 젊은이들이 나르키소스에게 사랑을 바쳤는데 나르키소스는 모두 다 냉정하고 매몰차게 거절해 버렸어.
상처를 받은 요정 하나가 하늘에 빌었어. 수많은 이들이 입은 상처만큼 나르키소스도 마음이 아프게 해 달라고 말이야. 복수의 여신 네메시스가 기도를 들었어. 여신이 벌을 내리기로 해.

어느 날 나르키소스는 물을 마시려고 호숫가에 엎드렸다가 물에 비친
아름다운 청년을 보게 돼. 그리고 그만 자기 자신과 사랑에 빠져 버려.
나르키소스는 호수에 비친 자기 모습을 바라만 보며 시름시름 앓다가
죽고 말아. 그 자리에 꽃이 한 송이 피어났는데 그게 바로 수선화야.
제주도에 가면 수선화를 많이 볼 수 있어.
밀레가 수선화를 좋아해 그림으로도 남겼다면 우리나라에서는 조선
시대의 선비 김정희가 수선화를 좋아해 시로 남겼어.

> 날씨는 차가워도 송이송이 둥글구나
> 그윽하고 담백한 기풍 냉철하고 빼어나다
> 매실나무 고고해도 뜰 벗어나지 못하는데
> 맑은 물에 핀 너 참으로 해탈한 신선이로구나

김정희는 1840년, 제주도에 유배를 왔다가 수선화를 보고 한눈에
반했어. 서울에서는 보기 힘든 꽃이었는데 제주도에는 너무 흔해서
사람들이 잡초처럼 여겼어. 수선화가 제주도에 유배 온 자신의
처지와 같다고 생각했을 거야. 고고하고 아름다운 꽃인데도
사람들에게 가치를 인정받지 못하는 것 같았거든.
맑은 물에 핀 해탈한 신선이라니! 김정희는 정말로 그렇게 되고
싶었을 거야.

노란 구륜 앵초
알브레히트 뒤러, 1526년, 워싱턴 국립 미술관

다윈이 앵초꽃의 비밀을 풀었어

이 그림은 미국의 워싱턴 국립 미술관에 가면 볼 수 있어. 독일의 화가 알브레히트 뒤러가 그린 〈노란 구륜 앵초〉야. 만약 실제 그림을 본다면 생각보다 작아서 놀랄 거야. 겨우 가로 16.8센티미터, 세로 19.3센티미터로 공책보다 작아. 하지만 곧 이 조그만 그림 앞에 모자라도 벗고 경의를 표해야 할 것 같은 기분이 들걸. 그림 아래쪽을 봐. 오른쪽 구석에 숫자가 씌어 있어.

1526!

헐! 설마? 맞아, 화가가 그림을 그린 연도야. 그러니까 이 조그만 그림이 무려 500년이 되었다는 거야. 조금도 그렇게 보이지 않는데! 손을 내밀면 만져질 것 같아. 오돌토돌한 이파리와 쏙 들어간 잎맥이 그림이라는 게 도무지 믿기지 않아. 하지만 분명히 500년 전 그림이 맞아. 양피지에 그려진 그림이거든. 종이가 귀하던 시절에 유럽 사람들은 양의 가죽을 가공해 만든 양피지에 글자를 쓰고 그림을 그렸어.

알브레히트 뒤러는 몇 가지 놀라운 일을 최초로 시작한 화가야. 최초로 자기 얼굴을 그림의 한 분야로 당당하게 그리고, 최초로 판화로 된 위대한 예술 작품을 만들었어. 그리고 아마도 야생의 꽃을 주인공으로 그린 최초의 화가일 거야. 몇백 년 동안 화가들이 성경과 신화 이야기를 그림의 주제로 삼거나 인물화를 그리고 있을 때 뒤러는 조그만 풀 하나에 온전히 마음을 담아 주인공으로 그렸어. 뒤러에겐 식물학자의 영혼과 화가의 영혼이 같이 있었을지 몰라.

앵초를 좀 봐. 생생하고 치밀하기가 도감보다도 더 도감 같고, 사진보다도 더 사진 같아. 그런데 그게 다가 아니야. 조그만 꽃이 더할 수 없이 경건하고 신성하게 느껴져.

뒤러의 고향에서는 봄이 되면 들판에 앵초꽃이 환하게 피어나. 뒤러는 실제 모습과 똑같은 크기로 그리려고 그림도 작게 그렸을 거야. 앵초는 키가 20센티미터가 될까 말까 한 작은 풀이거든.

앵초는 별명이 많아. 소똥이 많은 들판에서 자란다고 소똥꽃이라 부르고, 꽃송이가 주렁주렁한 게 열쇠 꾸러미 같다고 열쇠꽃이라고도 불러. 먼 길을 가는 나그네나 아이들이 꺾어서 먹기도 해.

그런데 앵초에게는 그림에서는 보이지 않는 비밀이 있어.

그걸 알려면
꽃잎 안을 들여다봐야 해!

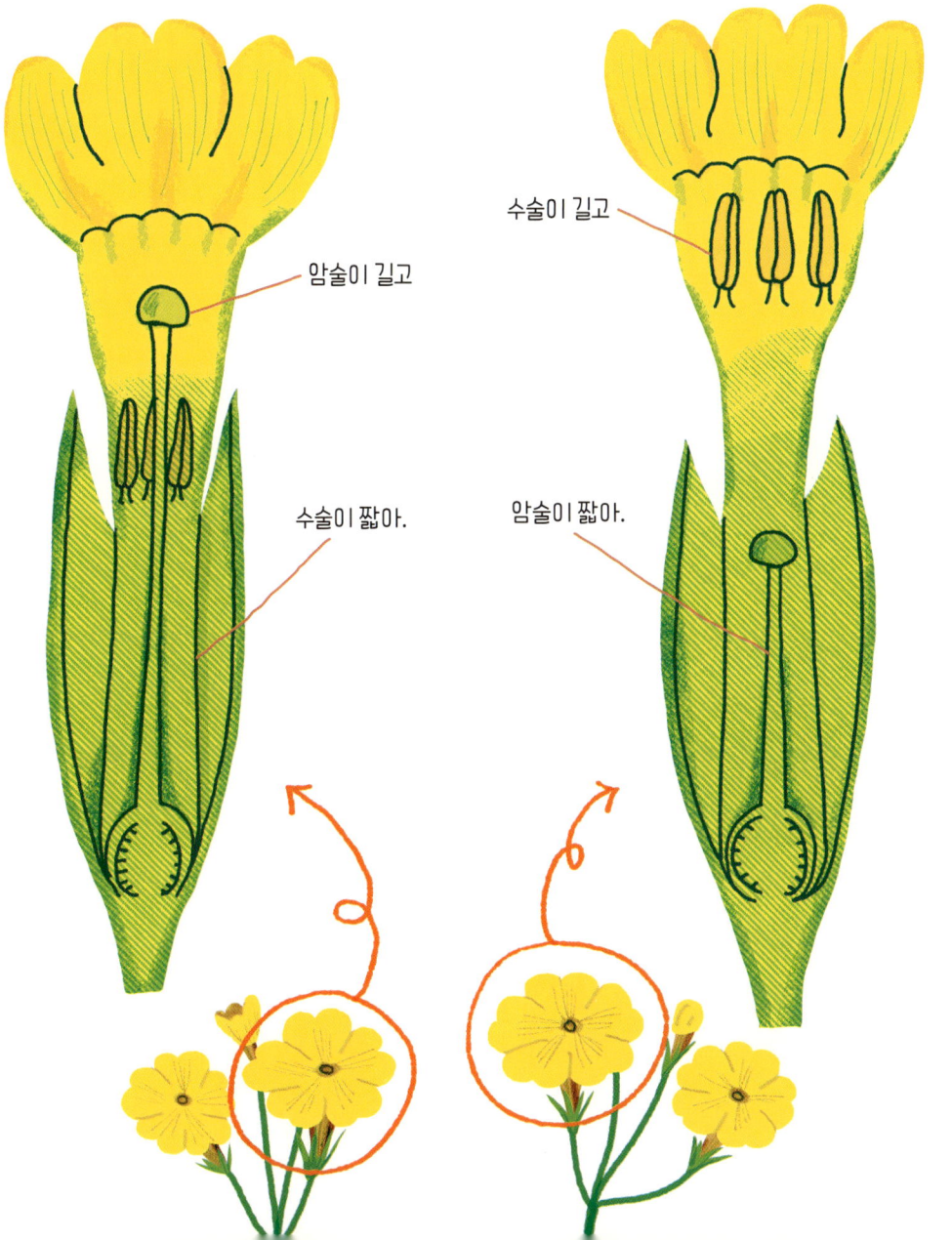

무슨 말이냐고?

들판에 앵초가 많이 있어.

어떤 꽃을 들여다보았더니 암술이 길고 수술이 짧아. 그런데 어? 다른 꽃을 들여다보았더니 반대로 암술이 짧고 수술이 길어.

어떻게 된 거야?

겉에서는 표가 나지 않는데, 꽃을 들여다보면 달라.

왜 그럴까?
150년쯤 전에 이 문제를 이상하게 생각한 과학자가 있었어.

들어 본 적 있어? 바로 바로 위대한 생물학자 찰스 다윈이야.

어느 날 다윈은 앵초꽃의 비밀을 이해하게 되었는데 너무 기뻐서 죽기 전에 쓴 자서전에도 이날의 기쁨을 기록해 놓았을 정도였어.

다윈은 이걸 알아냈어.

앵초는 암술, 수술 모양이 다른 꽃끼리만 꽃가루받이가 돼!

앵초는 눈이 없는데도 알고 있어. 암술에 묻은 꽃가루가 다른 모양 꽃에게서 나온 꽃가루인지, 같은 모양 꽃에게서 나온 꽃가루인지!

"우리는 절대 만나면 안 돼!"
"두말하면 잔소리!"
암술, 수술 모양이 같은 꽃끼리는 꽃가루가 암술에 앉아도 아무 일도 안 일어나고 꽃가루받이가 안 돼. 앵초가 알고서 일부러 그렇게 진화한 건 아니지만 다른 모양의 꽃끼리 꽃가루받이를 한 꽃들이 더 잘 살아남았어.

사람도 형제자매끼리 결혼하지 않는 것처럼 식물도 그래.

같은 그루에 있는 꽃송이들끼리는 유전자가 같아! 엄마 꽃의 유전자와 자손 꽃의 유전자가 같아져. 자손의 자손의 자손의 자손들이 유전자가 같아져. 이런 일이 계속되면 나쁜 유전자를 갖게 될 확률이 높아.
다윈의 시대에는 유전자에 대해 잘 몰랐지만 다윈은 알고 있었어. 같은 그루의 꽃송이들끼리 꽃가루받이를 계속하면 전염병이 돌거나 환경이 안 좋아질 때 무리 전체가 사라질 수 있다는 걸 말이야.
다른 그루의 꽃들끼리 꽃가루받이를 하면 유전자가 다양해져. 환경이 나빠질 때도 살아남는 꽃들이 있어.

앵초 열매가 맺혔어.
속에 씨앗이 잔뜩 들어 있어.
엄마 꽃과 유전자가 달라!

꽃들은 알고 있다니까.
같은 그루의 꽃송이들끼리는 꽃가루받이가 안 되도록 해야 한다는 걸.
꽃들마다 전략이 있어.
어떤 꽃은 암술과 수술끼리 경고를 해.
"우린 한 그루에서 나왔잖아."
"모른 체해! 아무 일도 벌이지 마!"
어떤 꽃들은 타이밍으로 조절해.
수술과 암술이 자라는 때가 달라. 수술보다 암술이 먼저 자라거나
거꾸로 암술보다 수술이 먼저 자라거나.
어떤 꽃은 첫날에는 암술이 꽃가루를 받을 준비를 하고, 다음날엔
수술이 꽃가루를 퍼뜨릴 준비를 해.
어떤 꽃은 암술만 있는 암꽃과 수술만 있는 수꽃이 딴 그루에 피어.
꽃들마다 자기에게 딱 맞는 방법이 있어!

민들레
밀레, 1867년, 보스턴 미술관

민들레는 대단한 풀이야

앗, 민들레잖아. 멀리서도 금방 눈에 띄어.

꺾어도 될까?

한 개쯤은 괜찮겠지?

그림을 그린 화가가 소리치는 것 같아.

"안 돼! 내가 씨앗 하나, 털 한 오라기 정성을 다해 그렸단 말이오!"

그래도 하고 싶다고요!

그림 속의 민들레를 조심조심 꺾어.

숨을 크게 들이쉬었다가, 푸!

씨앗들이 후르르 날아가.

혹시 남은 씨앗을 세어서 결혼할 때까지 몇 년이 남았는지 점을 친다는 얘기 들어 봤어?

뭐라고?

너는 한 번에 탈탈, 100개도 넘는 씨를 한꺼번에 몽땅 날려 보낼 수 있다고? 점친 대로라면 지금 당장 결혼한다는 얘기잖아.

와우! 축하해!

**장 프랑수아 밀레는
어렸을 때 갖고 놀던 민들레를
54세가 되어 그림으로 그렸어.**

밀레라고? 앞에 나왔잖아. 수선화를 그린 밀레 말이야.

밀레의 초상화를 본 적 있어?

수염이 덥수룩하다 못해 얼굴을 뒤덮고, 불룩 배도 나왔어. 눈이 쑥 들어간 게 조금 무섭게도 생겼어. 그런 나이 든 아저씨가 민들레 앞에 쭈그리고 앉아 눈으로 쏘아 보고, 킁킁 냄새를 맡고, 쓰다듬기도 해. 그림을 완성하기까지 앉았다가 일어나고, 다시 앉고, 또 끙 일어나고, 그러기를 얼마나 했을까. 어쩌면 관절염이 생겼을지도!

그림 속에는 사람도 없고, 새 1마리 없고, 오직 민들레가 주인공이야.

큰언니 민들레, 동생 민들레, 아직 피지 않은 어린 민들레가
속닥거려.

"도대체 나는 언제 피는 거야?"

민들레는 대단한 풀이야

"아직 멀었다니까!"
옆에는 키 낮은 데이지가 피어 있고 붉은토끼풀도 올망졸망 피어
있어. 살랑 부는 바람에도 멀리멀리 씨를 날려 보내는 민들레를
부러워하는지도 몰라.
혹시 알고 있어? 민들레가 대단한 풀이라는 거!
밖으로 나가 찾아봐.
공원에, 찻길가에 민들레가 있어. 시멘트 담벼락 아래에, 콘크리트
보도블록 틈새에, 헉! 하수구 철망 틈새에도 있어!
쪼그리고 앉아서 물어보고 싶어.

괜찮아, 민들레야?
어떻게 그런 데서 살아?
"나도 몰라. 씨앗이 그냥 여기로 떨어졌다고!"

민들레가 씩씩하게 말하는 소리가 들리는 것 같아.
민들레는 아무리 척박한 땅이라도 흙 한 줌만 있으면 싹을 틔워. 작고,
귀하지도 않고, 뾰족한 가시도 없이, 뭐 하나 내세울 게 없지만
민들레는 용감한 식물이야. 지구가 핵폭발로 멸망한다고 해도 어느
날 무너진 콘크리트 틈새로 삐죽 나타날걸.

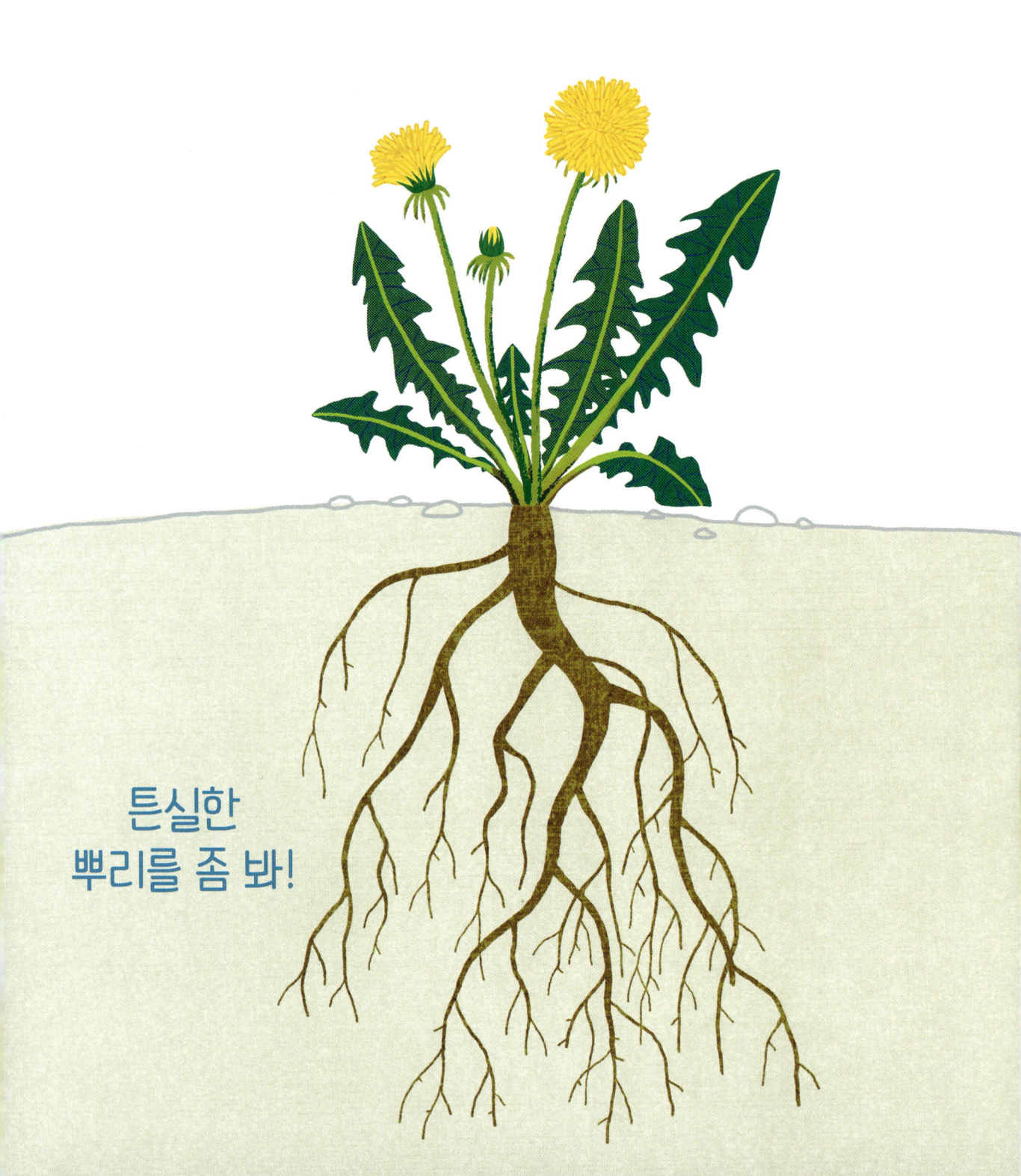

콘크리트 보도블록 아래에 이렇게 대단한 뿌리가 있다고?
겨우 풀이면서 나무라도 된 듯, 민들레는 뿌리가 곧고 길어. 땅속 50센티미터까지도 뿌리가 자라.

하하, 땅 위와 땅속을 모두 합하면 키가 우산만 할지 몰라!

민들레는 길고 튼튼한 뿌리 덕분에 비가 오지 않고 오랫동안 가물 때에도 물을 잘 찾을 수 있어. 민들레 뿌리에는 영양분도 많아.
한겨울에 칼바람을 맞으면서도 잎을 땅바닥에 납작하게 붙이고 광합성을 해서 뿌리로 영양분을 보내거든. 뭐 하려고?
봄이 오면 다른 풀들보다 재빨리 꽃을 피우려고!
커다란 꽃들 사이에 있는 민들레는 곤충들 눈에 띄지 않아.
꽃가루받이를 못해. 하지만 다른 꽃들이 피기 전에 얼른 꽃을 피운다면 곤충들이 쉽게 찾아오고 씨앗을 남길 수 있어.
꽃가루받이가 끝나고 나면 꽃이 지고 그 자리에 씨앗 뭉치가 달려.
그리고 열매 자루가 껑충 자라!
씨앗을 조금이라도 멀리 날려 보내려고 키가 자라는 거야!
바람이 불면 솜털 씨앗들이 둥실둥실 멀리 날아가.

민들레는 대단한 풀이야

바람이 없어도 문제없어.
씨앗에 털이 달려 있어서 아무 데나 잘 붙어. 새의 깃털, 포유동물의 털, 사람의 머리털과 옷과 신발…… 씨앗이 몰래 달라붙을 곳은 쌔고 쌨다니까. 심지어 배와 비행기를 타고 바다를 건너 다른 대륙에도 도착해. 식물학자들이 말해.

"하하, 언젠가는
우주 비행사의 머리털에 붙어
화성에까지 갈지 모른다고요."

우리나라에도 그렇게 서양의 민들레가 날아와 정착했어.
공원이나 길가에서 볼 수 있는 민들레는 대부분 서양민들레야.
서양민들레는 봄에도 여름에도 가을에도 꽃을 피우고, 심지어 한 꽃송이 안에 핀 암술과 수술끼리 꽃가루받이도 할 수 있어.
앗, 그렇게 꽃가루받이를 하면 안 된다고 배웠는데?
서양민들레에겐 통하지 않는 말이야. 바람이나 곤충이 없어도 꽃가루받이를 할 수 있고, 그렇게 해서 자손을 퍼뜨리는 게 자손을 안 퍼뜨리는 것보다는 낫거든.

사람들은 서양민들레가 토종 민들레보다 많아진다고 걱정하지만 우리나라에 정착한 지 100년도 더 되어서 이제는 너무 친숙하게 되어 버린 민들레인걸.
어떤 사람들은 민들레가 아무 데나 자란다고 잡초라고 말해. 하지만 이걸 알아야 해.
식물의 나라에는 잡초가 없어!
잡초는 인간이 농사를 짓고, 도시를 만들고, 정원을 가꾸기 시작하면서 만든 말이야. 논과 밭, 길가, 정원에 피어나 귀찮게 한다고 사람들이 자기들 좋은 대로 지어내 부르는 말이거든.
인간이 지구 생물들에게 저지르는 행동을 생각하면 식물들에게 이런 말을 들어도 쌀걸.
"흥! 너네들이야말로 '잡동물'이라고!"

개양귀비와 나비, 거미, 뱀이 있는 엉겅퀴
프란츠 자베르 그루버, 19세기, 개인 소장

엉겅퀴가
나라를 구했다고?

뭔가 으스스한데?
꽃일까? 나무일까?
그림의 제목이 〈개양귀비와 나비, 거미, 뱀이 있는 엉겅퀴〉인데,
어쩐지 심상치 않아.
한가운데 엉겅퀴가 우뚝 서 있어. 전쟁에서 승리한 장군이나 신분
높은 귀부인처럼 당당하고 위엄 있게 서 있어.
꼭 엉겅퀴의 초상화 같아!
뒤쪽에는 구름인지 안개인지 하늘인지 알 수 없이 흐릿하고 신비한
기운이 감돌아. 엉겅퀴잎 사이에 빨간 양귀비꽃이 피어 있고,
가운데에는 주황색 거미가 실을 늘어뜨리고 있어. 나비와 풍뎅이,
무당벌레도 곳곳에 있어. 헐! 뱀도 있잖아. 찾을 수 있겠어?

화가의 이름은 프란츠 자베르 그루버인데, 엉겅퀴 그림으로 유럽에서
명성을 얻었어. 그래서 별명이 '엉겅퀴 그루버' 씨야. 엉겅퀴를 많이
그린 걸 보면 엉겅퀴를 무척 좋아했나 봐.
엉겅퀴는 피를 엉기게 하는 풀이라고 지어진 이름이야. 코피가
나거나 칼에 베었을 때 잎을 찧어 바르면 피가 멈춰.
이름의 뜻을 알았지만 엉겅퀴는 여전히 이름만으로도 억세고 강한
느낌이 들어. 진짜 모습도 그래. 잎에 흰 털이 많이 나 있고
가장자리에는 삐죽삐죽 톱니가 있어. 뾰족뾰족 가시도 돋아 있어.
꼭 갑옷을 입은 전투용 풀 같아!

엉겅퀴는 뾰족뾰족한 가시 덕분에
나라를 구했다는 전설이 있어.

800년쯤 전 이야기야. 노르웨이 군대가 바다를 건너 스코틀랜드를
공격했어. 어둠을 틈타 해안에 상륙했는데, 소리를 내지 않으려고
모두 신발을 벗고 성을 향해 진격했어. 그런데 그만 병사들이 엉겅퀴
가시를 밟아 버렸어. 어찌나 아픈지 비명을 질러 대지 않을 수 없었지.
그 바람에 스코틀랜드 병사들이 깨어나 조국을 지킬 수 있었다는
이야기야. 그 뒤로 엉겅퀴는 스코틀랜드의 국화가 되었어.

엉겅퀴는 우리나라에도 흔한 풀이야. 산과 들, 밭두렁에 많이 피어 있어. 옛날 사람들은 엉겅퀴를 캐어 어린잎으로 나물을 해 먹었어. 엉겅퀴 종류 중에 고려엉겅퀴가 있는데, 어린 고려엉겅퀴로 나물을 무쳐 먹으면 맛이 일품이야. 그게 바로 우리가 귀하게 먹는 곤드레나물이야.

뭐? 안 먹어 봤다고? 그럼 엄마한테 해 달라고 해. 곤드레나물밥을 먹으면서 아는 척도 하고.

"엄마, 이게 바로 엉겅퀴라고요!"

엉겅퀴 뿌리는 신경통과 관절염에 좋아. 가마솥에 넣고 달여서 엉겅퀴술을 빚기도 하고, 엉겅퀴 식혜도 만들어 먹었어. 엉겅퀴 한 가마니면 앉은뱅이도 일으켜 세운다는 말이 있어.

엉겅퀴는 흔하게 피어 있고 영양분도 많은 풀이지만 소들은 안 먹어. 갈대나 억새처럼 억세고 질긴 풀도 잘 뜯어 먹으면서 엉겅퀴 가시는 무서워해. 그래도 노루는 먹어. 암컷 노루가 새끼를 배면 보양식으로 챙겨 먹어. 밀림의 고릴라도 엉겅퀴를 일부러 뜯어 먹기도 해.

엉겅퀴는 여간해서는 병에 안 걸려. 뿌리를 깊이 내리고 황폐한 땅에서도 잘 자라. 심지어 수십 년을 사는 엉겅퀴도 있다는 소문도 있어!

사람들은 엉겅퀴를 처음 보면 두 번 놀라. 날카로운 가시에 놀라고, 무시무시하게 생겼는데 꽃이 너무 예쁘고 부드러워서 놀라.

봄이 끝날 때쯤 분홍색 꽃이 피어.

웽웽! 벌이 날아와.

헐!
꽃이 엉망이 되었어.

꽃이 망가져도 괜찮아.
씨앗만 생기면 돼!

벌들아, 고마워.
꽃가루를 날라 준 덕분에 씨앗이 많이 맺혔어.

앗, 씨앗에 가시가 있어!
가시가 아니라
씨앗을 둘러싼 털이야.

씨앗마다 털이 달려 있어서 바람을 타고 멀리 날아가.
엉겅퀴는 겨울에도 죽지 않아.
겨울이 찾아오면 줄기가 모두 말라 죽지만 땅바닥 가까이 붙어서 난 잎들은 살아 있어. 엉겅퀴는 위쪽에 줄기잎과 아래쪽에 뿌리잎이 있어. 줄기잎이 시들고 떨어져도 뿌리잎들은 둥그런 초록 방석처럼 땅바닥에 딱 붙어서 겨울을 나. 민들레가 그러는 것처럼 말이야.
사실 둘은 먼 친척이야.
민들레도 엉겅퀴도 국화과 식물이야!

국화
대니엘 리지웨이 나이트, 1898년, 개인 소장

국화꽃 한 송이는 한 송이가 아니야

국화꽃이 피었어. 가을이 한창이야.

뒤쪽의 나무는 잎이 떨어져 앙상한데 국화꽃은 이제 막 환하게 피어났어. 젊은 여인이 지지대에 국화를 매어 주고 있어.

어이쿠, 쇠로 만든 커다란 물뿌리개를 좀 봐. 대대로 집안에 물려 내려오는 엄청난 물건처럼 보여. 물뿌리개만 해도 너무 무거워 보이는데 물까지 가득 들어 있는 물뿌리개를 여기까지 들고 왔다고? 하하, 보기와는 다르게 힘이 센 여인이야.

가만히 그림을 들여다보면 풀이 참 무성하기도 하지. 한 가닥 한 가닥 셀라치면 하루 종일 머리가 빠지게 세야 할 거야. 겨우 도화지만 한 그림 속에, 이렇게 많은 풀을 꽃잎 하나, 이파리 하나까지 세세하게 그리려면 인내심과 정성과 기술이 얼마나 필요할까?

볼수록 감탄스러워.

대니엘 리지웨이 나이트는 미국에서 태어났지만 프랑스에서 활동한 화가야. 시골의 꽃밭이나 들판을 많이 그렸는데, 아마도 여긴 프랑스의 어느 시골일 거야. 밀레를 존경해서 한번은 만나러 가기도 했는데 밀레의 농촌 그림이 너무 어둡고 엄숙하다고 생각하고는 시골 풍경을 그리되 농부들의 행복한 모습을 그리기로 마음먹었어. 〈국화〉 그림을 봐. 풍경이 여유롭고 정감이 넘쳐. 젊은 여인도 힘든 느낌이 없고 푸근한 얼굴이야. 노랗고 하얀 국화도 활기에 차 있잖아.

국화는 가을꽃이야. 낮의 길이가 점점 짧아져야만 꽃을 피워!

국화는 낮의 길이가 12시간보다 짧아야 꽃을 피워.
어떻게 시간을 정확하게 알까? 몸속에 시계라도 있는 것처럼 말이야.
어쩌면 시간을 측정하는 세포 시계가 어딘가에 있을지 몰라.
과학자들이 찾고 있어. 어디에 있는지 어떻게 작동하는지, 그런 게 정말로 있는지!

우리 조상들은 날이 추워지는데도
꿋꿋하게 꽃을 피운다고 국화를 좋아했어.

꽃잎으로 전을 부치고, 말려서 차로 마시고,
베개에 넣고, 부채와 기와, 그릇에도 그려 넣었어.

국화꽃 한 송이는 한 송이가 아니야

국화는 꽃이름 대기 놀이를 하면 세 번째 안에 나올 만큼 누구나 잘 아는 꽃이야. 줄기가 곧게 자라고, 키는 60~80센티미터쯤이야. 어린 줄기는 초록색이지만 자라면서 점점 갈색으로 변해. 줄기와 가지 끝에 노란색, 흰색, 분홍색, 자주색 꽃이 피어. 꽃송이가 큰 것도 있고, 작은 것도 있어. 하지만 이건 모를걸.
국화꽃에는 놀라운 비밀이 있어.
국화꽃 한 송이는 한 송이가 아니야!

국화꽃 한 송이를 선물받았어?
아니! 수십 송이를 선물받은 거야!

보여? 국화꽃 가운데에 작은 꽃 수십 송이가 다닥다닥 모여 있어. 그런데 더 놀라운 건 가장자리에 있는 길고 노란 꽃잎들이 사실은 꽃잎이 아니라 한 송이 꽃이라는 거야. 꽃이 길어서 꽃잎처럼 보일 뿐이라고!
꽃잎을 닮은 바깥쪽 꽃들 덕분에 꽃이 훨씬 크게 보이고, 곤충들이 잘 찾아와!
어이, 벌들아. 여기야, 여기!
하하, 벌들에게 광고 간판인 셈이야.

가장자리에 피어난 꽃들을 혀꽃이라 불러. 꽃잎이 혀처럼 길어졌다고 혀꽃이야.
혀꽃은 암술과 수술이 퇴화했어. 암술만 있거나 암술과 수술이 모두 없어서 꽃가루받이를 못해. 그래도 괜찮아. 광고 간판이 되어 곤충들을 불러 모으면 자기 역할을 다하는 거야.
암술과 수술이 모두 있는 작은 꽃들은 가운데에 달걀노른자 모양으로 몰려 있어.

**수십 개의 꽃들이 다닥다닥 모여 있으면 꽃가루받이를 한꺼번에 많이 할 수 있어!
씨앗이 한꺼번에 많이 맺혀!**

이게 바로 자자손손 대를 이어 가는 국화의 전략이야.
국화과 식물이 아주아주 번성한 걸 보면 이게 얼마나 뛰어난 전략인지 알 수 있어. 식물 나라에서 가장 종이 많고 번성한 가문은 난초과인데, 국화과는 두 번째로 번성한 가문이야.
전 세계에 32,000여 종이 있어. 국화과 식물은 작은 꽃들이 다닥다닥 모여 붙어서 커다란 한 송이처럼 보이는 게 똑같아.

민들레
엉겅퀴
해바라기
코스모스
상추
쑥
치커리
도깨비바늘
방가지똥
우엉
씀바귀
데이지
금잔화
달리아
⋮

모두 국화과 식물이야.

해바라기와 상추는 너무 다른데?
그래도 모두 국화과 식물이야!

국화꽃 한 송이는 한 송이가 아니야

센강 변의 해바라기
구스타브 카유보트, 1885~1886년경,
리전 오브 아너 미술관

해바라기는 왜 키가 클까?

아, 시원해.
해바라기가 피어 있는 걸 보니 무더운 여름이야. 그래도 강물이 너무 시원해 보여.
때는 1885년 여름, 멋지게 콧수염과 턱수염을 기른 파리의 신사 구스타브 카유보트가 센강 변에 앉아 〈센강 변의 해바라기〉를 그리고 있어. 센강에 요트를 띄우고 요트에 앉아 그림을 그리기도 하지만 이번에는 해바라기를 가까이 그리느라 강기슭에 앉아 있어. 오고 가는 신사와 숙녀들이 그림을 기웃거려.
"음······."
"오호!"
"와우!"

구스타브 카유보트는 너무 부자라서 오히려 사람들에게 잊혀진 화가야. 26세에 막대한 유산을 상속받았고, 먹고 살기 위해 작품을 팔려고 애써 본 적도 없어. 작품을 팔지 않았으니까 그림이 거래되지도 않았어.

살아 있을 때는 화가보다 미술 수집가로 더 유명했어. 모네, 르누아르, 세잔, 드가…… 가난하고 재능 있는 화가들의 그림을 비싼 값에 사 주었거든. 월세도 내주고, 빚도 갚아 주고, 전시회 비용을 대고, 때로는 작업실도 얻어 주면서 말이야.

친구들의 그림은 훗날 너무나 유명해져서 찬사를 받고 값비싸게 팔리게 되었어. 하지만 아무에게도 팔지 않았던 카유보트의 그림은 점점 잊혀져 갔어.

그래도 다행이야. 카유보트의 친척들이 갖고 있던 그림을 미술관에 기증해서 지금은 많은 사람들이 볼 수 있게 되었거든. 〈센강 변의 해바라기〉는 미국 샌프란시스코의 어느 미술관에 전시되어 있어.

이건 훗날의 이야기이고, 카유보트는 지금 센강 변의 뙤약볕 아래에서 해바라기를 그리고 있어.

카유보트의 그림에는 대부분 신사나 부인들이 나오는데 이 그림엔 없어. 오직 해바라기가 주인공이야. 그러고 보니 해바라기가 뭐라고 뭐라고 소리치는 것 같지 않아? 우리는 알아들을 수 없는 말로 해바라기들도 이야기를 나누는지 몰라.

"더워, 더워!"

"도대체 비는 언제 오는 거야?"

"나는 아직도 씨가 안 맺혔어!"

"나도!"

"나도!"

"아휴, 시끄러워!"

하하, 아직 여름이 한창이고, 씨앗이 맺히려면 좀 더 기다려야 할 것 같아.

해바라기는 국화과 식물이야.
이게 무슨 뜻인지 이제 알고 있겠지?

커다란 꽃 한 송이가 사실은 한 송이가 아니라는 말이야. 가운데에 작은 꽃들이 수없이 모여 있고, 가장자리에는 꽃잎을 닮은 기다란 꽃들이 둘러싸고 있어. 해바라기꽃은 지름이 30센티미터쯤이야. 네 얼굴보다도 클걸. 이렇게 커다란 꽃을 못 보고 지나치는 멍청한 벌들은 없을 거야.

해바라기는 키도 커. 2~3미터까지 자라. 봄에 싹이 터서 석 달도 안 되어 이만큼 높이 자란다니까.

해바라기는 너무 커!

혹시 풀이 아니라 나무인데 아무도 모르는 건 아닐까?

해바라기는 왜 이렇게 키가 클까?

과학자들도 몰라. 그냥 옛날부터 컸어.

그래도 이건 확실해. 키가 크면 햇빛을 더 많이 받을 수 있고, 더 많이 광합성을 할 수 있어. 커다란 꽃을 피울 수 있을 만큼 영양분을 많이 만들 수 있어. 씨앗도 많이 남길 수 있어.

해바라기는 원래 아메리카 대륙에 살았어. 지금도 아메리카 대륙에서는 키가 4~8미터까지 자라고 꽃도 더 커. 1500년대에 스페인 사람들이 아메리카 대륙에 도착해 해바라기를 처음 보고는 너무 놀라지 않았겠어? 이렇게나 크고 위엄 있는 꽃이라니!

그리고는 돌아갈 때 주머니에 씨앗을 한가득 챙겼어.

해바라기는 왕을 상징하는 꽃이 되었고, 왕립 식물원에 자리를 잡았어.

사람들이 해바라기를 보러 구름처럼 몰려들었어.

해바라기밭에 가 본 사람들은 세 번 놀랐어.

키가 너무 커서 놀라고, 꽃이 너무 커서 놀라. 그다음엔 꽃들이 모두 한쪽만 바라봐서 놀라. 모두 동쪽을 바라보고 있어!

지금도 사람들은 해바라기밭에 가면 깜짝 놀라서 사진을 찍어.

해바라기들이 특별 훈련이라도 받은 게 아닐까?
그렇지 않다면 어떻게 모두 다 한쪽만 바라보고 있담!
해바라기는 줄기 끝이 태양을 향해. 아침에 동쪽을 보며 태양을
기다리고 있다가 태양이 뜨면 태양을 따라 점점 서쪽으로 돌아.
그러면 잎들이 하루 종일 햇빛을 잘 받게 돼. 광합성을 최대한 많이
할 수 있고, 더 빨리 더 높이 키가 자랄 수 있어. 해가 지면 다시
동쪽으로 돌아와 태양이 뜨기를 기다려.
하지만 이건 아직 꽃이 피지 않은 어릴 때 일이야. 키가 다 크고 꽃이
피고 나면 더 이상 태양을 따라 돌지 않아. 이제는 광합성을 많이
하기보다 곤충을 많이 불러들여 꽃가루받이를 잘하는 게 훨씬
중요해. 해바라기는 언제나 동쪽을 향하고서 해가 뜨기를 기다려.
아침 일찍부터 햇빛을 정면으로 받으면, 꽃의 온도가 더 빨리
올라가고, 향기를 더 잘 내뿜어서 벌들이 더 많이 찾아와. 누가 가르쳐
주지도 않았는데 해바라기는 키가 자라고, 곤충들을 불러 모으는
가장 효율적인 방법을 알고 있다니까!
그렇다면 〈센강 변의 해바라기〉도 동쪽을 보고 있을까? 어? 아닌 것
같은데? 이쪽도 보고, 저쪽도 보고 있잖아. 일부러 그런 걸까?
해바라기마다 개성이 있게 그리려고? 화가의 마음을 알 수가 없네.
여름이 끝나면 동쪽을 바라보던 해바라기들도 고개를 숙여.
씨앗이 한가득 맺혔거든. 너무 무거워!

씨앗을 이렇게 많이 맺다니!

역시 국화과 식물다워. 꽃송이가 많고, 씨앗도 많아.

그런데 알고 있어?

이렇게 키가 크고 꽃이 커도 해바라기는 1년밖에 못 사는 한해살이풀이야. 씨앗이 맺히고 나면 꽃잎이 시들고, 잎도 모두 시들어 떨어져. 땅속의 뿌리도 죽고 말아.

새들과 다람쥐가 씨앗을 먹어. 물고 가다 떨어뜨리기도 하고, 먹고 똥으로 싸면 씨앗이 땅에 묻혀.

사람들은 짐작도 하지 못할 거야. 이렇게 높이 자라느라, 이렇게 커다란 꽃을 피우느라, 이렇게 씨앗을 많이 맺느라 해바라기가 얼마나 수고했는지.

해바라기야, 1년 동안 너무 바빴지?

정원 길의 수국
산티아고 루시뇰, 1929년, 개인 소장

수국은 가짜 꽃이야

아무도 없네. 길이 텅 비었어.
산책하는 사람도 없고, 고양이가 1마리도 다니지 않아.
키 큰 나무 사이로 햇빛이 내려와 어른어른 텅 빈 길을 비추고 있어.
어쩌면 지나가는 사람들이 있었을지도 몰라. 혹시 화가가 일부러
이렇게 사람 하나 없이 그린 게 아닐까?
그래서 널찍한 길이 쓸쓸해 보이고, 길 양쪽에 늘어선 꽃들은 꼭
누군가를 기다리는 것 같아. 그림 속으로 들어오라고, 텅 빈 길을
걸어오라고 부르는 것 같아.
이 그림은 제목이 〈정원 길의 수국〉이야. 100년 전쯤에 스페인의
화가 산티아고 루시뇰이 그렸어.
산티아고 루시뇰은 화가가 되고 싶었지만 가업을 이어 섬유 공장의

사장님이 되어야 했어. 그래도 19세 때 전시회에 그림을 출품한 뒤로 붓과 캔버스를 손에서 놓지 않았어. 나중에는 동생에게 섬유 공장을 물려주고 여행을 다니며 그림을 그렸어.

이 그림은 세상을 떠나기 2년 전, 69세에 그린 그림이야. 텅 빈 길이 어쩐지 쓸쓸해 보이지만, 한편으론 수국이 너무 화사해 보여. 할아버지와 화사한 수국은 어울리지 않을 것 같은데 말이야. 그럼 루시뇰 할아버지가 서운하려나?

수국은 초여름 장마가 끝나고 나면 꽃이 피어. 아름다운 꽃을 보려고 공원에 심어 키우는데, 크게 자라지 않지만 어엿한 나무야. 장미와 같은 떨기나무에 속해.

물을 좋아하고 국화처럼 꽃이 풍성하게 핀다고 이름이 수국이야.

그림에서는 잘 보이지 않지만 수국꽃은 특별하게 생겼어.

수국꽃은 꽃 공 같아!

정말로 꽃다발이 공 모양이야. 작은 꽃송이들이 올망졸망 둥그렇게 모였어. 하나, 둘, 셋, 넷…… 와우, 꽃잎이 도대체 몇 개나 달린 거야? 그런데 어? 꽃을 자세히 들여다봐. 그게 없어!

뭐가? 뭐가?
암술과 수술이 없어!

수국은 가짜 꽃이야

꽃이라면 모름지기 씨앗을 맺어 자손을 퍼뜨려야 하는데, 수국은 씨앗을 못 맺어. 공 모양을 이루고 있는 꽃잎 어디에도 암술과 수술이 없어. 씨앗이 안 맺혀.

그럼 뭐 하러 저렇게 탐스럽게 꽃이 피는 걸까? 하는 일 없이 그냥 피어 있기만 하는데 말이야. 사람들 좋으라고?

바로 그거야. 수국은 사람들이 꽃잎을 감상하려고 일부러 만든 가짜 꽃이야. 그래서 암술과 수술은 필요 없어!

헐! 일부러 가짜 꽃을 만들었다고?

물론 생짜배기로 암술과 수술이 없는 꽃을 만들어 낸 건 아니야. 산에 사는 산수국을 개량해서 만들었어.

산수국은 이렇게 생겼어!

작은 꽃과 크고 화려한 꽃이 보여?

작은 꽃은 암술과 수술이 있어. 하지만 큰 꽃은 암술과 수술이 없는 가짜 꽃이야. 그러니까 수국은 사람들이 산수국의 '진짜 꽃'을 없애고, '가짜 꽃'만 피우도록 개량을 해서 만든 거야.

그런데 이상해. 산수국은 왜 암술과 수술이 없는 가짜 꽃을 피우는 걸까?

가짜 꽃도
진짜 꽃만큼 중요해!

수국은 가짜 꽃이야

산수국의 진짜 꽃은 너무 작아. 암술과 수술만 있을 뿐 꽃잎도 없어. 커다란 가짜 꽃이 없다면 나비 1마리도 날아오지 않을 거야. 가짜 꽃이 있어야 곤충의 눈에 띌 수 있다는 이야기야.

산수국의 가짜 꽃은 원래는 꽃잎이 아니라 초록색 꽃받침이었어. 꽃받침이 자라면서 점점 꽃잎처럼 변해. 진짜 꽃이 꽃가루받이를 하고 나면, 가짜 꽃은 원래 신분이던 꽃받침으로 돌아가. 고개를 숙이고 도로 초록색이 돼! 놀랍기만 해!

산수국과 수국의 꽃말은 변덕이야.

산수국과 수국은 정말 변덕스럽게 보여. 꽃 색깔이 변하거든!
산성흙에서는 푸른색 꽃이 피어.
염기성 흙에서는 분홍색 꽃이 피어.
일부러 산성흙을 염기성 흙으로 바꾸어 주면?
그럼 푸른색 꽃이 분홍색 꽃으로 변해!
다시 앞으로 돌아가 그림을 봐 봐. 〈정원 길의 수국〉에서는 수국이 무슨 색이야?
분홍색과 붉은색인걸.
그럼 알았어!

실패를 들고 벽에 기댄 빈센치아나 소녀
커트 아그테, 1894년, 바르샤바 국립 미술관

선인장은 왜 가시가 많을까?

이 그림의 주인공은 소박하고 평범한 여자아이야.
눈이 크고 볼이 통통해.
손에는 실패를 들고, 발아래에는 물동이가 있어. 모자를 쓰고
스카프를 두르고 있는데 옷은 낡고 발은 맨발이야.
물동이를 들고 심부름을 가고 있었을지 몰라. 화가가 아이를 불러.
그림의 모델이 되어 달라고.
그래서 담장에 수줍게 기대어 섰나 봐. 화가가 자기를 그려 주어서
기쁜 것 같아.
이 그림은 폴란드의 바르샤바 국립 미술관에 전시되어 있어.
1894년에 독일의 화가 커트 아그테가 그렸어. 그림의 제목은 〈실패를
들고 벽에 기댄 빈센치아나 소녀〉야.

선인장은 왜 가시가 많을까?

빈첸치아나는 시골 마을의 이름인가 봐.
이 마을에는 특별한 게 있어.
공터에 커다란 선인장이 자라고 있어. 집안이나 화원이 아니라
길가에 선인장이 자라. 멋지지 않아?

선인장을 좋아해?
혹시 싫어해?
생각해 본 적이 없다고?

어떤 사람들은 선인장을 아주 좋아하고 어떤 사람들은 선인장을 아주
싫어해.
선인장은 위험해!
무슨 소리? 아름다워!
무슨 소리? 괴물 같아!
이 그림을 그린 화가는 선인장을 좋아했을 거야. 그러니까 떡하니
선인장 앞에 소녀를 세워 놓았지.
그림에 나오는 선인장은 부채선인장 종류야. 손바닥을 닮았다고
손바닥선인장이라고도 불러.

부채선인장에 열매가 달렸어.
발가락 같아!

지구에 선인장이
1,500종류쯤 있지만
가장 유명하고
가장 멋진 선인장은……
바로 이거야!

사막 한가운데 두 팔을 벌리고 기둥처럼 서 있는 선인장을 보았어? 사와로선인장을 쳐다보면 눈을 뗄 수 없어. 사와로선인장은 150년쯤 살아. 키가 15미터까지 자라는 거대한 선인장이지만 세상에서 가장 느리게 자라는 식물 1위에 올랐어. 태어나서 2년 동안은 키가 1센티미터, 8년을 자라야 3센티미터쯤 돼. 태어나서 70년쯤은 줄기 하나로 살고, 70년쯤이 지나야 새로 가지를 내.

사막에 우두커니 서 있는 사와로선인장은 너무 신비로워. 미국의 애리조나주에 사와로선인장 국립 공원이 있는데 그곳에 가 보는 게 일생의 소원인 사람도 있다니까.

선인장은 세상에서 가장 강한 식물처럼 보여. 뾰족뾰족 날카로운 가시를 달고, 사막에서도 끈질기게 자라니까 말이야.

하지만 알고 보면
선인장은 다른 식물과 경쟁을 피하는
약한 식물일지 몰라!

선인장은 왜 1년 내내 비도 오지 않는 메마른 사막에서 사는 걸까? 만약에 선인장을 날씨도 좋고, 비도 적당히 오고, 영양분도 많은 들판에 옮겨 심으면 어떻게 될까?

오래지 않아 다른 식물에게 자리를 내주고 말걸!
선인장은 다른 식물이 살지 않는 열악한 곳에서 살면서 역경을
기회로 이용해. 다른 식물과 경쟁하는 대신 열악한 환경을 견디며
진화했어.
사막에서는 수분을 빼앗기지 않는 게 제일 중요해. 비가 오면 최대한
빨리 물을 흡수하려고 선인장은 뿌리를 아주 얇고 넓게 뻗어.
빨아들인 물을 가능한 많이 저장하려고 줄기가 굵어지고 동글동글
이상한 모양이 되었어.
하지만 그래 봤자 저장해 둔 수분이 잎으로 금세 증발해 버리면 아무
소용이 없어.

선인장은 잎이 모두 가시로 변했어!
사막에서 가시 잎이
얼마나 유용한지 알아?

덕분에 수분을 거의 빼앗기지 않을 뿐 아니라, 수많은 가시들이
햇빛을 산란시켜 뜨거운 햇빛에 줄기가 타지 않게 지켜 줘. 게다가
무시무시한 가시로 뒤덮여 있으니 포식자들도 함부로 뜯어 먹지
못해. 일석삼조야.

그런데 어떡하지?
잎이 모두 가시가 되어 버렸으니
광합성을 하지 못해.

광합성을 하지 못한다는 건 사람으로 치면 아무것도 먹지 못한다는 뜻이야. 죽는다는 뜻이지.

방법이 있어. 선인장은 잎 대신 줄기로 광합성을 해. 줄기 색깔을 봐. 모두 잎처럼 초록색이잖아!

선인장은 특별한 방법으로 광합성을 해.

광합성을 하려면 햇빛과 이산화 탄소와 물이 필요해. 햇빛은 사막에 넘쳐나고, 물은 줄기 속에 들어 있어. 문제는 이산화 탄소야.

식물은 기공이라 불리는 조그만 구멍으로 이산화 탄소를 받아들여. 그런데 기공을 열면 수분도 날아가 버려. 그게 문제야.

광합성을 하려면 기공을 열어야 하고, 기공을 열면 수분이 날아가고.

방법이 없을까?

선인장은 이렇게 해.

햇빛이 내리쬐이는 낮에는 기공을 열지 않아. 밤에만 기공을 열고 이산화 탄소를 가둬 둬. 아침이 되어 햇빛을 받기 시작하면 밤사이 저장해 둔 이산화 탄소를 이용해서 광합성을 하는 거야.

선인장꽃을 본 적 있어?

선인장꽃은 향기가 좋고 크고 화려해. 멀리서도 곤충들이 잘 찾아와.
하지만 꽃잎으로도 수분이 날아가 버리기 때문에 1년에 며칠밖에
피지 않아. 대형 선인장들은 대부분 밤에 꽃을 피워. 나방이나 박쥐가
밤중에 날라다니며 꽃가루를 날라 줘. 나방이나 박쥐가 밤중에 많이
돌아다니기 때문이야.

선인장 열매는 콩만큼 작은 것도 있고 사과만큼 큰 것도 있는데,
열매가 익으면 저절로 벌어져서 동물들이 쉽게 먹을 수 있어.
동물들이 먹고 똥으로 싸서 씨앗을 퍼뜨려 줘.

야생으로 자라는 선인장이 보고 싶다면 제주도의 선인장 마을을 찾아가.

제주도 월령리 바닷가에 가면 해안선인장 무리를 볼 수 있어. 몇백 년
전에 멕시코에서 해류를 타고 떠밀려 와 제주도 바닷가 바위틈에
정착했어. 주민들이 뱀이나 쥐가 담을 못 넘어오게 막으려고
선인장을 돌담에 옮겨 심어서 이제는 마을 전체가 선인장 마을이
되었어.

개양귀비 들판
클로드 모네, 1873년, 오르세 미술관

양귀비가 왜 양귀비인지 알아?

양귀비를 본 적 있어?
꽃의 여왕 장미보다 더 예쁜 꽃이 있는데 바로 양귀비꽃이야. 어느 유명한 스님이 책에 쓰기를, 꽃이 그토록이나 아름다운 것인 줄 양귀비꽃을 보고야 알았다는 그 양귀비야.
바로 그 양귀비꽃이 모네의 그림에 한가득 피어났어.
파란 하늘에는 구름이 두둥실 떠 있고, 들판에는 빨간 양귀비꽃이 두둥실 떠 있어. 우아한 부인과 조그만 아이가 꽃밭에 허리까지 파묻혀 걸어가고 있어.
해가 잠깐 구름 속에 숨었나 봐. 부인은 양산을 내렸어. 아이는 꽃을 꺾어 들고 기분이 좋아 엄마를 따라가고 있어.
음~ 아름답고 멋진 날이야!

그림 바깥에서는 모네가 사랑하는 아내와 아들을 그리고 있어. 하하, 그러니까 두 사람은 모네의 아내 카미유와 6세 아들 장이야. 그림을 완성하면 전시회에 출품할 생각이야. 하지만 모네는 아직 몰라. 이 그림이 어마어마한 문제작이 될 줄!

모네가 전시회에 〈양귀비 들판〉과 〈인상, 해돋이〉 두 점을 출품했을 때, 평론가들은 깜짝 놀랐어. 그림이란 모름지기 꼼꼼하고, 신중하고, 정성을 다해 그려야 하지 않는가 말이야. 그런데 이렇게 대충 그린 그림이라니!

"꽃을 좀 봐. 붉은 얼룩일 뿐이잖아."

하지만 평론가님들, 이건 정말 놀라운 얼룩이라고요!

그림을 봐. 꽃처럼 생긴 얼룩은 하나도 없어. 그런데 놀랍게도 얼룩이 모이면 아름다운 꽃밭이 돼!

평론가들이 또 말해.

"세상에! 부인과 아이의 얼굴을 보라지. 눈도 없고 코도 입도 없어!"

"시간이 없어서 다 못 그렸나?"

헐! 말도 안 돼!

눈도 코도 입도 없지만 부인은 몹시 우아하고, 아이는 너무나 귀엽게 느껴지는걸.

모네는 절대로 대충 그린 게 아니야. 모네의 머릿속에는 완벽한 그림이 있는데, 그걸 완성하기 위해 고치고 고치고 또 고치며 그림을 그려.

평론가들은 끝까지 꼬투리를 잡아. 이번에는 그림이 너무 밝다면서! 그림은 약간 음침하고 어둡고 무거워야 한다면서 말이야.

밝은 게 뭐가 문제람!

여기는 프랑스의 시골 마을 아르장퇴유이고, 모네 가족이 7년 동안 행복하게 살았던 곳이야. 그림을 따라 우리도 마음이 평온해지고 밝아져. 할 수만 있다면 그림 속으로 들어가 부인과 아이를 따라가고 싶어지는걸.

저 멀리 나무들 사이에 보이는 붉은 지붕 집이 모네 가족의 집일까? 그런데 어? 뒤쪽에도 부인과 아이가 있어.

앞쪽에 걸어가는 두 사람과 닮았잖아!

뒤쪽의 부인은 검은 드레스를 입고, 양산을 접어 팔에 끼고, 아이는 빈손이야. 하지만 같은 사람이야!

특이하게도 한 그림 속에 같은 사람이 두 번 들어가 있네.

카미유는 양귀비꽃을 너무나 좋아한 게 틀림없어. 아들을 데리고 매일매일 양귀비꽃을 보러 산책을 나왔을 거야.

양귀비는 멀리서 보아도 예쁘지만
가까이에서 보면 더 예뻐!

하하, 꽃봉오리를 좀 봐.
털이 숭숭 달렸잖아!
털복숭이 꽃받침 속에서 이렇게 화려하고 빨간 꽃잎이 피어나.

그런데 꽃 이름 치고는 이상하지 않아?
양귀비가 왜 양귀비인지 알아?

양귀비는 원래 사람 이름이야.
옛날 옛날 중국 당나라 시대에 성은 양씨, 이름은 옥환이라는 여인이
있었어. 양옥환은 너무나도 아름다워서 당나라 임금 현종의 눈에
들고 후궁이 되었어. 현종은 '귀비'라는 직함을 내려 주었는데,
이 여인이 바로 중국의 최고 미인 '양귀비'야.
현종은 아름다운 아내에 빠져 흥청망청 지내고, 나라는 점점 망해
가기 시작해.
나라가 망할 지경에 이른 것이 양귀비 한 사람 때문만은 아닐 거야.
그래도 훗날 양귀비는 나라를 망친 벌을 받아 자살을 하게 돼.
양귀비의 미모와 비극적인 이야기는 지금까지도 전설처럼 전해지고
있어. 사람들은 그 이름을 따서 그때까지 앵속이라 부르던 꽃을
양귀비라 부르기 시작했어.

양귀비 열매야!

양귀비는 종류가 500종쯤 돼. 모네의 그림 속 양귀비는 개양귀비라
불러. 너무 예뻐서 꽃양귀비라 부르기도 해. 유럽에서는 개양귀비를
농작물로 많이 재배했어. 씨는 빵에 넣어 먹거나 기름을 짜고 줄기는
채소로, 꽃잎으로는 술을 담가.

그런데 위험한 양귀비꽃이 있다는 거 알아? 사람들이 흔히 아편
양귀비라 부르는 양귀비야. 열매에 독이 있어. 열매가 익기도 전에
곤충과 새들이 먹어 버리지 못하도록 미리 독을 만들어 둔 거야.
열매가 다 익은 다음에는 독이 사라져.

스스로를 보호하기 위해 독을 만들었을 뿐인데 사람들이 익지 않은
양귀비 열매를 따서 마약을 만들었어. 마약은 위험한 중독 물질이야.
끊기가 너무나 어려울 뿐 아니라 점점 더 많은 양이 필요해지고
나중엔 몸이 견디지 못하고 죽게 돼. 그래서 나라들마다
아편양귀비를 함부로 심지 못하도록 관리하고 있어.

식물들이 독을 만드는 건 다 이유가 있어. 움직이거나 도망가지
못하기 때문에 화학 물질을 만들어 자신을 지켜. 곤충이나 새들에겐
그 정도 화학 물질이면 독이 돼. 그런데 사람들은 몸집이 커서 먹어도
죽지 않고, 오히려 식물이 만든 화학 물질을 좋아하게 되었어.
카카오나무의 카페인, 담배의 니코틴, 고추의 매운맛 성분이 바로
그런 거야. 어떤 독은 기호식품이 되고, 어떤 독은 양념이 되고!
식물들이 안다면 기분이 어떨까?

네잎클로버
윈슬로 호머, 1873년, 디트로이트 미술관

토끼도 닭도 염소도 토끼풀을 좋아해

이 그림의 주인공은 아주 작아.
그림에 코를 박고 들여다봐야 해. 여자아이가 손에 들고 있는
풀이거든.
바로 바로 네잎클로버야!
물론 화가는 네잎클로버가 이 그림의 주인공이라고는 생각하지
않겠지만 말이야.
그래도 모르지. 제목을 〈네잎클로버〉라 지었잖아. 커다란 유리문이
한가운데 있으니 제목을 '격자 유리문이 있는 잔디밭'이라 할 수도
있고, '모자 쓴 소녀'라 할 수도 있고, '빨간 양말을 신은 소녀'라 할
수도 있고, '하얀 벽을 타고 올라가는 담쟁이덩굴'이라 할 수도
있는데 말이야.

정작 네잎클로버는 너무 작아서 잘 보이지도 않는데 제목이
〈네잎클로버〉야. 하지만 우리는 제목 덕분에 소녀가 궁금해져!
네잎클로버를 들고 무슨 생각을 하는 걸까? 얼마나 오랫동안
쪼그리고 앉아서 찾았을까?

네잎클로버는 행운의 풀이야. 집중해서 눈을 가늘게 뜨고 한나절을
찾아도 대개는 세잎클로버뿐이야. 5,000개 클로버 중에 겨우 1개
꼴이라고!

운 좋게 1개라도 발견하면 행운의 풀을 발견했다고 자랑하고
소중하게 책갈피에 끼워서 말려. 그런 행운의 풀을 소녀가 손에 들고
있잖아. 어쩌면 네잎클로버를 들고 소원을 빌고 있는 건지도 몰라.
이 순간의 모습을 윈슬로 호머가 그렸어.

윈슬러 호머는 미국의 화가인데 처음에는 잡지에 삽화를 그렸어.
22세부터 시작해 거의 20년 동안 삽화가로 일했어. 훗날에는 바닷가
어촌 마을에 자리를 잡고 바다만 그렸지만 말이야.

호머는 바다에서 겨우 30미터쯤 떨어진 곳에 작업실을 만들고,
문에다 이렇게 써 붙였어.

'뱀하고 쥐 있음!'

사람들이 찾아오는 걸 무지 싫어했거든. 그래서 별명이 붓을 든
은둔자였어. 호머는 사람들이 뭐라 하든 상관하지 않았어. 죽을
때까지 파도가 거세게 몰아치는 위험하고 웅장한 바다와, 바다와

함께 살아가는 사람들을 그렸어.

하지만 이 그림을 그릴 때까지만 해도 호머는 톰 소여 같은 아이들을
많이 그렸어. 들판에서 신발을 벗어 던지고 뛰어노는 아이들,
학교에서 공부하는 아이, 바닷가에서 치마와 바지를 걷어 올리고
첨벙거리는 아이들, 사과를 따 먹는 아이……. 〈네잎클로버〉에도
여자아이가 주인공이야.

아니 아니, 참, 주인공은 네잎클로버였지.

그런데 소녀가 들고 있는 건 정말 행운의 네잎클로버일까?

기다려 봐. 세어 보고.

하나, 둘, 셋, 넷!

어, 정말로 잎이 네 장이야!

정말 네잎클로버가 행운을 가져다줄까?

사람들은 그게 미신이라는 걸 잘 알아. 그런데도 네잎클로버를
발견하면 기뻐한다니까. 1584년, 영국의 레지날드 스콧이라는 사람이
《마법의 발견》이라는 책을 펴냈어. 사람들이 행운이나 불운을
가져온다고 믿는 물건이 얼마나 많은지 기록했는데 그중에서도
사람들이 제일 많이 믿고 가장 유명한 게 바로 네잎클로버였어.

클로버꽃으로
꽃반지를 만들어 봤어?

우리나라에서는 클로버를 토끼풀이라 불러.
토끼가 잘 먹는다고 토끼풀이야. 하지만 닭과 소, 염소들도 좋아해.
이파리와 줄기가 맛있어서 유럽에서는 샐러드로 먹기도 해.
토끼풀은 길가나 공원, 들판에서 흔하게 볼 수 있지만 원래는
우리나라에 없던 풀이야. 가축의 먹이로 쓰려고 100년쯤 전에
유럽에서 들여왔어. 그런데 생명력이 강해서 온 나라에 널리 퍼져
터줏대감처럼 자리를 잡게 되었지 뭐야.
토끼풀은 6~7월에 희고 동그란 꽃이 피어.
자세히 들여다보면 꽃 한 송이가 한 송이가 아니라 수십 송이라는 걸
알 수 있어. 작은 꽃들이 수십 개 모여 한 송이처럼 보여. 국화처럼
말이야.

**더 놀라운 건 수십 개의 작은 꽃들이
한꺼번에 피지 않고,
아래에서 위쪽으로 차례로
핀다는 거야!**

사소하지만 놀라운 토끼풀의 전략이야. 오랫동안 꽃이 피어 있는
것처럼 보여서 곤충들을 더 많이 불러들일 수 있거든!

토끼풀이 땅 위를 기어가며 줄기를 뻗어.
줄기 마디마디마다 뿌리를 내려.

보여?

토끼풀 뿌리에 놀라운 세균이 살고 있어.

바로 바로 뿌리혹박테리아야. 뿌리혹박테리아는 식물과 동물, 사람, 지구에 꼭 필요한 세균이야. 토끼풀, 강낭콩, 완두콩, 팥, 녹두, 미모사, 아까시나무…… 콩과 식물의 뿌리에는 모두 뿌리혹박테리아가 살고 있어.

생물이 잘 자라려면 질소가 필요해. 질소는 단백질을 만드는 데 꼭 필요한 성분이고, 단백질은 생물의 몸을 만드는 데 꼭 필요한 성분이야.

질소는 공기 속에 많아. 공기의 75퍼센트가 질소라고.

그럼 뭐가 문제야?

공기 속 질소는 식물이 이용할 수 없어. 동물도 이용할 수 없어. 그냥 콧속으로 들어왔다 도로 나갈 뿐이라니까. 공기 속 질소는 질소 원자 2개가 꼭 붙어 있어서 다른 물질과는 도무지 결합하려 하지 않아.

그걸 떼어 내려면 어마어마한 에너지가 들어.

그런데 바로 바로 뿌리혹박테리아가 그 어려운 일을 해낸다는 거야. 꼭 붙어 있는 질소 원자 2개를 떼 내 토끼풀이 이용할 수 있게 해 줘. 그 대신 뿌리혹박테리아는 토끼풀에게서 양분을 얻어먹어!

갈대숲의 판
아르놀트 뵈클린, 1856~1857년, 빈터투어 미술관

갈대는 볏과 식물이야

뭐지? 뭐야?

잘 안 보인다고 책장을 넘기지 말고, 눈을 좀 가늘게 떠 봐.

보여?

여기는 강가의 갈대숲이야.

하늘에 뭔지 모를 기운이 감돌고, 키 큰 갈대들이 쓰러질 듯 휘청거려.

앗, 어떤 남자가 갈대숲에 앉아 있어. 머리가 길고, 귀가 뾰족하고,

웃통을 벗었어. 입에 무언가를 대고 있는데? 커피라도 마시고 있나?

하하, 그럴 리가! 이건 팬파이프라고도 불리는 갈대 피리야.

쓸쓸하고 애절한 피리 소리가 갈대숲에 울리고 있어.

무슨 사연일까?

이 남자의 이름은 아니, 이 신의 이름은 판이야.

판은 그리스 신화에 나오는 목동과 가축의 신이야. 그림 속에서 판이 일어서면, 온통 털로 뒤덮이고 발굽이 있는 염소 다리 2개가 보일 거야. 반은 사람, 반은 염소의 모습을 하고 있거든.

판은 성질이 더러운 신이야. 낮잠이라도 깨우면 눈앞에 있는 게 사람이든 동물이든 가리지 않고 고래고래 고함을 질러. 그런 판이 지금 갈대숲에 앉아 우울하게 피리를 불고 있어.

어느 날 판은 아름다운 숲의 요정에게 한눈에 반했는데, 성질이 그 모양이니 제대로 사랑을 할 줄 몰라 추근대기 시작해. 요정이 기겁을 하고 달아나. 그렇다고 포기할 판이 아니야. 요정은 죽을힘을 다해 달리지만 어느새 따라잡혀. 눈앞에 커다란 강이 나타나고 다급해진 요정은 강의 요정들에게 자기 모습을 바꾸어 달라고 도움을 청해. 판이 요정을 끌어안으려는 순간 판의 탄식 소리가 하늘에 울려 퍼져. 요정이 갈대로 변해 버린 거야.

슬픔에 빠진 판은 갈대로 변한 요정으로 피리를 만들었고, 저렇게 갈대숲에 앉아서 피리를 불고 있다는 이야기야. 성질 사나운 신의 쓸쓸한 모습이라니…….

그리스 신화 속 판의 이야기에서 갈대의 꽃말인 '깊은 애정'이 탄생했어.

"뭐라고요? 누구 맘대로!"

갈대로 변한 숲의 요정이 안다면 억울해서 펄쩍 뛸걸.

그래도 화가는 판이 불쌍하다고 생각했나 봐. 성질 못된 판을 이렇게 쓸쓸하고 신비롭게 그려 주었잖아.

아르놀트 뵈클린은 평생 동안 어둡고 기이한 그림을 많이 그린 화가야.

어떤 그림에는 해골이 바이올린을 연주해. 어떤 그림에는 박쥐의 날개와 거대한 쥐의 꼬리를 가진 새가 할머니인지 소녀인지 알 수 없는 여자를 태우고 날아가고, 어떤 그림에는 바다 한가운데 기이한 죽음의 섬이 솟아 있어. 화가에겐 아이들이 12명 있었는데 그중에 6명을 하늘나라로 떠나 보냈어. 우울하고 기이하고 신비로운 그림을 그리며 마음을 달래었을지 몰라.

뵈클린의 마음에 비할까마는 그림 속의 판도 갈대숲에 앉아 갈대로 변해 버린 요정을 생각하며 피리로 마음을 달래고 있어.

그런데 신화 속에서 숲의 요정은 왜 하필 갈대로 변했을까?

갈대는 요정처럼 예쁘지도 않은데 말이야. 줄기는 너무 가늘고 키는 너무 커. 잎도 많이 없어. 꽃도 아주 작고. 꽃가루를 바람에 날려 보내기 때문에 나비도 꿀벌도 찾아오지 않는 풀이야.

어쩌면 알 것도 같아!

갈대는 벗과 식물이야

신화 속에서 요정은 강의 요정들에게 도움을 청하고, 강가에 자라는 갈대가 되었잖아? 강가에 무성하게 자라는 갈대를 보며 사람들이 이런 이야기를 상상해 냈을지도.

갈대는 키가 3미터까지 자라는데, 이렇게 키가 큰 것도 비옥한 진흙이 있고 물이 많은 강가에서 자라기 때문이야.

갈대밭에 가 본 적 있어?

갈대는 시인들이 좋아하는 풀이야. 하늘 아래 끝없이 펼쳐진 갈대밭 앞에 서면 얼마나 쓸쓸하고 아름다운지, 로봇이라도 시를 쓰고 싶은 마음이 들걸.

갈대는 약한데 강해. 휘청휘청하면서도 태풍이 불어도 문제없어. 바람을 따라 이쪽으로 쏴아―, 저쪽으로 쏴아―, 잠시 누웠다가 일어나. 크고 단단한 나무들이 뿌리째 뽑히고 부러질 때도 갈대는 무사해. 어떻게 그럴 수 있을까? 가늘어서 부러지지 않는 걸까?

그럴 리가! 가늘면 더 잘 부러질걸.

갈대는 줄기 속이 비어 있어서 잘 휘어져. 빨대를 상상해 봐. 빨대는 구부러지지만 속이 꽉 찬 나무젓가락은 구부릴 수 없고 힘을 더 주면 부러지고 말아.

갈대는 어딘지 벼와 닮았어.
휘청휘청, 가늘고 길어.

갈대는 볏과 식물이야!
볏과 식물? 그게 뭐지?
식물들이 다니는 학교가 있다고
상상해 봐.

국화반, 포도반, 참나무반, 소나무반, 백합반, 생강반, 참깨반, 선인장반, 아욱반, 콩반…… 반이 여럿 있는데 그중에 볏과 식물이 속한 반이 있어.

벼반에는 학생들이 아주 많아!

벼, 보리, 옥수수, 수수, 조, 피, 밀, 귀리, 기장, 사탕수수, 갈대, 강아지풀, 억새, 바랭이, 쥐꼬리새풀, 뻘기, 대나무, 잔디…… 모두 벼반이야.

잔디도? 대나무도?

그렇다니까.

벼반 학생들은 모두 중요한 특징이 있어. 생장점이 줄기 밑동에 있다는 거야.

기억해? 잔디의 생장점이 줄기 밑동에 있어서 깎여도 다시 자란다는 것 말이야. 갈대도 그래. 잎이 뜯어 먹혀도 끄떡없어. 갈대의 어린줄기는 초식 동물들이 좋아하는데, 초식 동물에게 뜯어 먹혀도 생장점이 남아 있어서 다시 또 자라.

특별한 생장점 덕분에 볏과 식물들은 초식 동물들에게 뜯어 먹히면서도 잘 살아남고 들판 곳곳으로 퍼져 나갔어. 길고 가느다란 잎을 가진 풀, 우리가 먹는 곡식과 공원, 길가, 논밭에 흔하게 자라는 잡초가 대부분 볏과 식물이야.

볏과 식물은 자연계에서 아주 성공한 가문이 되었어!

볏과 식물은 모두 갈대처럼 줄기 속이 비어 있어. 벼가 그렇고, 잔디가 그래. 대나무도 그래.

갈대는 튼튼하고 질긴데도 잘 구부러져서 뭐든지 만들어. 옛날부터 돗자리, 통발, 삿갓, 빗자루를 만들었어. 갈대로 집도 만들어.

남아메리카 티티카카 호수에 갈대로 만든 섬이 있어. 2000년 전부터 우로족이 갈대 섬을 해마다 수리하면서 대대로 살고 있어. 갈대로 집을 만들고, 배를 만들고, 그릇을 만들고, 교회도 세우고, 학교도 세우고!

만약 무인도에 떨어졌는데, 거기에 갈대밭이 있다면 하늘이 도운 거야.

갈대로 매트리스와 이불을 만들면 돼. 배가 고프면 뿌리를 씹어 먹어. 생으로 씹어 먹을 수 있고 맛도 좋아.

묵죽도
이정, 1623년, 조선 시대,
국립중앙박물관

대나무는 수십 년 동안 사는 풀이야

이건 종이에 먹으로 그린 대나무 그림이야.

바위 사이로 대나무가 솟아 있어.

휘영청 뻗은 대나무에 길쭉한 댓잎이 총총 나 있어.

비가 와 댓잎이 무거워졌나 봐. 잎을 모두 아래로 늘어뜨렸어.

그런데 이게 뭐지? 그림에 뭔가가 또 있어.

대나무 뒤편에 대나무가 보여?

그림자인가?

아니, 이건 그림자도 아니고, 지운 것도 아니고, 실수도 아니야. 화가가 일부러 흐릿하게 그린 거야. 아마도 이걸 노렸겠지. 덕분에 어른어른, 아른아른! 어쩐지 분위기가 묘해졌어. 1623년에 그려진 이정 대감의 그림이야.

대나무는 수십 년 동안 사는 풀이야

이정은 세종대왕의 손자의 손자인데, 대나무 그림으로 조선의 제일 화가라 칭송을 받았어.

이정은 임진왜란 때 왜군에게 오른팔을 잃고 말았지만 손에서 붓을 놓지 않고 왼손으로 그림 그리기에 도전했어. 〈묵죽도〉는 왼손으로 그리기 시작한 지 30년이 넘어서 그린 그림이야. 묵죽도는 그림에 윤곽선이 없이 붓질만으로 슥삭슥삭 그린 대나무 그림을 말해. 죽을 때가 다가와 기력이 쇠했을 때 그렸는데도 그림에 힘과 기운이 넘쳐. 대나무는 겨울이 되어 나무들이 잎을 모두 떨어뜨린 후에도 잎이 시들지 않아. 줄기는 언제나 곧게 자라서 지조가 있고, 세로로 쪼개면 깔끔하고 똑바르게 쪼개져. 그 모습을 보고 대쪽 같다는 말이 생겨났어. 대쪽 같은 사람은 불의와 타협하지 않아. 조선 시대 선비들은 대나무의 품성을 본받으려 노력했어.

대나무는 나무인데, 풀이야! 풀인데 나무야!

대나무는 나이가 들어도 줄기가 굵어지지 않고 나이테도 없어. 이런 건 풀과 같아. 그런데 수십 년을 살고 높이 자라고 아주 단단해. 이런 건 나무의 성질이야.

풀이야? 나무야?
대나무가 들으면 이렇게 말할걸
"그게 뭐가 중요해!"

대나무는 볏과 식물이야.
그러니까 분류학으로 따지면 풀이란 말씀!

쭉쭉 뻗은 키 큰 대나무도
처음에는 요렇게 작은 죽순이었어.

봄이 되면 땅속에서 죽순이 올라와. 죽순은 맛이 좋아 귀한 음식으로 먹어. 하지만 죽순은 나온 지 열흘만 지나도 못 먹게 돼. 너무 빨리 자라 단단한 줄기가 되어 버리거든. 한 달이나 두 달이면 키가 다 자라.

대나무를 노려보고 있으면 자라는 게 눈에 보일 정도야!

다 자라면 대나무는 키가 25미터나 되는데 그게 한두 달 만에 다 큰다는 거야. 하루에 80센티미터가 자랐다는 기록도 있어.
대나무가 그렇게 빨리 자라는 비결이 있어.
대나무는 생장점이 많아! 마디마다 생장점이 있어!
대부분 풀은 생장점이 줄기와 가지 끝에 있고 거기서만 키가 자라.
잔디와 갈대는 생장점이 줄기 밑동에 있고 거기서만 키가 자라.
하지만 대나무는 마디마다 생장점이 있어서 여러 군데에서 한꺼번에 키가 자라는 거야.
생장점이 아무리 많아도 키가 자라려면 영양분이 필요해. 하지만 아직 잎들도 제대로 돋지 않았어. 광합성을 못해. 그래도 쑥쑥 자라.
어떻게 된 걸까?

답은 땅속에 있어.

대나무 숲을 파 보면 땅속에 수많은 줄기가 보여.

**땅 위의 줄기는 속이 비어 있지만
땅속의 줄기는 속이 꽉 차 있어.**

그게 다 대나무를 쑥쑥 자라게 할 영양분이야.
대나무는 땅속에서 줄기를 뻗어 나가며 계속 계속 죽순을 틔워.
땅속줄기의 영양분으로 죽순이 쑥쑥 자라 키 큰 대나무가 돼.
높이 자란 대나무 줄기는 처음에는 녹색이었다가 점점 따뜻한
갈색으로 변해. 반질반질 윤도 나. 어찌나 질기고 단단한지 감히
곰팡이나 곤충들이 살지 못해.
대나무는 땅속에서 규소를 빨아들여 줄기에 축적하기도 해. 규소는
모래와 유리의 성분이야. 규소를 많이 축적할수록 줄기가 더
단단해지고 도끼로 내리치면 불꽃이 튀어. 줄기가 마치 쇠라도 된
듯이 말이야.
대나무꽃은 어떻게 생겼을까?
아마 한 번도 본 적이 없을걸.
마당에 대나무를 심었다면 살아생전에 꽃 피는 걸 못 볼 수도 있어.

꽃인 것 같기도 하고
아닌 것 같기도 하고!

대나무꽃을 본 사람들은 깜짝 놀라.

꽃이 작고 칙칙하고 치렁치렁해.

하지만 그래서 놀라는 게 아니야. 너무나 보기 힘든 걸 봐서 놀라.

빠르면 몇 년에 한 번 꽃이 피는 종도 있지만 수많은 종들이

60년이나 120년 만에야 꽃이 피어!

대나무는 땅속에서 줄기를 뻗어 계속 새순을 내기 때문에 해마다

꽃을 피워 씨앗을 만들지 않아도 돼.

그래도 120년은 너무한 거 아니야?

대나무는 꽃을 피우고 나면 죽어 버려!

헐!

하지만 생각해 보면 이상한 일도 아니야.

대나무가 풀이란 걸 잊지 않았겠지? 풀이란 원래 꽃을 피우고 나면

잎도 줄기도 시들어 버려.

옛날에는 대나무에 꽃이 피면 나쁜 일이 생긴다고 믿었어.

대나무 숲의 꽃들이 한꺼번에 피고, 한꺼번에 열매를 맺고, 한꺼번에

대나무들이 죽어 버리니 이게 무슨 나쁜 징조인가 하고 말이야.

하지만 그건 자연의 이치야.

오래된 대나무 숲에는 땅속에 영양분이 모자라. 수없이 많은 나무들을 키우느라 땅속의 영양분을 죄다 써 버리고 있으니 그럴 수밖에.

대나무 숲 전체가 씨앗을 엄청나게 떨어뜨리고 죽고 난 후 다음 세대의 대나무들이 자라.

죽은 대나무들이 썩어서 숲의 양분이 돼!

대나무는 미래 시대에 더 중요한 나무가 될 거야.

2023년, 세계경제포럼에서는 대나무로 집을 짓기를 추천했어.

대나무로 집을 지으면 지진에도 견딜 만큼 튼튼해.

지진 문제보다 더 중요한 건 대나무를 많이 심으면 기후 위기를 해결하는 데도 도움이 된다는 거야.

아하! 이유를 알겠어.

대나무가 어떤 나무보다 빨리 자라기 때문이야.

그만큼 이산화 탄소를 빠르게 많이 흡수하지 않겠어?

봄날 아침
제임스 티소, 1875년경, 메트로폴리탄 미술관

소시지야?
아니, 부들이야!

뭐가 제일 먼저 보여?
음…… 드레스가 웃겨.
하하, 줄무늬 드레스잖아!
아니 아니, 우습게 보면 안 돼. 의상실에서 비싼 값을 주고 맞춘 최신 유행 드레스라고.
제임스 티소는 프랑스의 화가인데, 파리와 런던의 상류층 귀부인들을 많이 그렸어. 티소가 그린 그림 중에는 세련되고 유행에 앞선 옷을 잘 차려입은 귀부인들이 많이 등장해. 이 그림도 그중에 하나야.
티소는 어렸을 때부터 패션에 관심이 많았어. 아버지는 프랑스의 항구 도시 낭트에서 포목상을 했고, 어머니는 모자 가게를 했어.
티소는 자라서 패션 감각이 넘치는 멋쟁이 화가가 되었어.

티소의 그림은 점점 유명해져서 사교계 신사와 숙녀들에게서 수많은 초상화를 의뢰받았어. 나중에는 화가 드가가 편지로 이렇게 물어볼 정도였어.

"대체 얼마를 벌었는가, 친구?"

하지만 아내가 죽고, 죽은 아내의 영혼을 보는 신비로운 체험을 한 뒤로 티소는 더 이상 드레스와 여인들을 그리지 않았어. 세속적인 일에 관심을 끊고 예수님의 이야기를 그림으로 그리기 시작했어. 제자들에게 어떻게 기도해야 할지 가르치는 예수님, 키 작은 삭개오를 부르시는 예수님, 풍랑이 이는 배에서 곤히 주무시는 예수님, 잡혀가는 예수님, 매를 맞는 예수님, 십자가에 달리시는 예수님, 부활한 뒤에 제자들에게 물고기를 구워 주는 예수님······. 그렇게 예수의 생애를 그린 365점의 그림과 성경 이야기를 그린 350점의 그림을 남겼어.

〈봄날 아침〉은 아직 티소가 멋진 옷을 입은 귀부인들을 그리고 있을 때의 그림이야.

여기는 어느 부유한 집의 잔디 마당이야. 잔디가 말끔하게 깎여 있고, 화단에는 꽃들이 오종종하게 피어 있어. 마당에 연못도 만들어 놓았어. 집주인인지 손님인지 알 수 없지만 줄무늬 드레스를 입은 귀부인이 모자를 쓰고 양산을 들고 연못 앞에 서 있어. 손을 이마에 대고 햇빛을 가리고 무언가를 살펴보면서.

연못에 뭐가 있나?

수련의 잎이라도 떠 있는 걸까? 혹시 그 위에 개구리라도?

연못 앞쪽에는 루바브가 커다란 잎을 시원시원하게 펼치고 있어.

루바브는 서양에서는 채소로 먹는 풀이야. 우리나라에서는 대황이라 부르고 약재로 써.

왼쪽에는 부들이 있어.

연못에 부들이 있으면 운치가 있어.

그래서 우리나라에서도 궁궐이나 양반집에 연못을 만들 땐 부들을 많이 심었어.

부들은 얕은 물에서 살지만 뿌리만 진흙 속에 박고, 잎과 꽃줄기는 물 밖에 있어. 6~7월에 꽃잎은 없고 암술과 수술만 있는 꽃이 피어.

부들은 왜 부들일까?

꽃이 부들부들 부드러워 이름이 부들이 되었다고도 하고,

꽃가루받이를 할 때 암술이 부들부들 떤다고 부들이 되었다는 말이 있어.

하하, 정말 부들이 부들부들 떤다는 거야?

부들을 보면 꼭 확인해 봐.

에계계, 이게 꽃이라고?

암술과 수술이 있으면 훌륭한 꽃이야.

이파리 사이에서 꽃줄기가 자라고 끝에 뾰족한 기둥 같은 꽃다발이 생겨. 거기에 아주 작은 수꽃과 암꽃들이 피어나. 기둥의 위쪽 부분에 수꽃이 모여 있어. 아래쪽 부분에는 암꽃이 모여 있고. 조그만 수꽃 안에는 아주 작은 수술들이, 조그만 암꽃 안에 아주 작은 암술이 있어. 수꽃은 이제 곧 바람에 꽃가루를 날려 보내고 흔적만 남을 거야.

암꽃은 나중에 열매로 변해.

열매는 소시지처럼 생겼는데 길이도 딱 소시지 크기야.

7~10센티미터쯤 돼.

> 하하, 배가 고플 때 보면
> 먹고 싶어진다니까.
> 보기에는 부드러워 보이지만
> 만져 보면 딱딱해.

열매 속에는 하얀 솜털이 달린 씨앗이 가득해.

열매가 완전히 익으면 저절로 부서지면서 안에 있던 솜털 씨앗들이 바람을 타고 날아가.

부들이 수백 포기 피어난 강가에 씨앗이 흩날리면 장관이야. 가을에 내리는 함박눈 같아.

소시지를 닮은 부들 열매야!
열매에서 씨앗이 날아가고 있어.

부들은 씨앗으로도 번식하고 줄기가 물 밑 진흙 속에서 옆으로 계속계속 뻗어 가며 싹을 틔우기도 해.

씨앗 하나가 바람에 날려 얕은 냇물이나 호수에 떨어져 싹이 트면, 줄기가 땅속으로 넓게 퍼지면서 포기가 점점 많아져. 수백 포기가 한꺼번에 넓게 군락을 이루며 자라기도 해.

옛날 서민들에게 부들은 고마운 풀이었어. 부들의 솜털 씨앗을 모아 누비옷과 이불솜을 만들기도 했거든.

부들은 쓸모가 많아. 잎으로는 방석을 만들고 줄기로는 짚신을 삼거나 초가집 지붕을 덮는 데 썼어. 부들 줄기로 갈라 짠 돗자리는 최고급으로 쳐주었어.

꽃이 피는 여름이 오면 호숫가나 강가로 부들을 보러 가!

벌새와 시계꽃
마틴 존슨 히드, 1875~1885년경,
메트로폴리탄 미술관

시계꽃은 꽃을 한 번도 본 적 없는 공학자가 만든 꽃 같아

이상한 숲속이야.

꿈속일까? 현실 세계일까?

하늘에 묘한 기운이 감돌고, 빨간 꽃들이 꽃잎을 치마처럼

늘어뜨렸어. 구불거리는 줄기 위에는 꽃보다 작은 새가 앉아 있고.

몽롱하면서도 어쩐지 으스스해.

화가가 상상으로 그린 걸까?

아니, 여기는 열대의 아마존 정글이야!

화가는 일부러 사람의 흔적이라고는 조금도 느껴지지 않는 깊은

정글을 찾아왔어. 벌새를 그리려고 말이야. 마틴 존슨 히드는

화가이자 박물학자이자 여행가였어. 어렸을 때부터 벌새를

좋아했는데, 중년의 나이에 벌새를 찾아서 정글로 모험을 떠났어.

늙어서는 벌새에 관한 이야기 100편을 숲과 시냇물이라는 잡지에 기고하기도 했어. 마틴 존슨 히드는 아마존 정글을 찾아가서 벌새 그림을 45점이나 그렸는데 〈벌새와 시계꽃〉도 그중에 하나야.
벌새는 세상에서 가장 작은 새야. 가장 작은 벌새는 몸길이가 5센티미터, 몸무게가 1.8그램밖에 안 돼. 1.8그램이 얼마나 작은 건지 상상하기 힘들걸. 조그만 찻숟갈에 밀가루를 올리면 그게 3그램 정도야. 벌새는 열대 정글에서 꽃가루를 날라 주는 고마운 새야.
조그만 벌새가 시계꽃 꿀을 먹으러 왔어.
하지만 시계꽃 덩굴에 앉아 쉬고만 있잖아!

**시계꽃이 답답해서
암술과 수술을 쑥 내밀고
이리 와, 이리 와~.
벌새를 부르는 것 같아.**

꽃잎을 뒤로 활짝 젖히고 암술과 수술을 내보이며 흔들흔들해.
그래도 벌새는 부리를 내밀고 보고만 있어.
벌새야, 어서 꿀을 빨아먹고 꽃가루를 옮겨 줘. 시계꽃은 아침에 피어 저녁이 되기 전에 시들어 버린다고!

시계꽃은 예쁜데 이상하게 생겼어.

시계를 닮았다고 시계꽃이야.

시계꽃을 진짜로 보면 아기 손바닥만 해.

그리고 음…… 일층, 이층, 삼층이 있어. 그렇게 불러도 된다면 말이야.

일층에는 꽃잎이 10개 있어. 5개는 꽃받침이 변해서 된 꽃잎이고, 5개만 본래부터 꽃잎이야.

이층에도 꽃잎이 있어!

바늘처럼 생긴 것들 하나하나가 꽃잎 한 장이야.

모두 몇 개야?

셀 수도 없겠어.

꼭 동그란 벽시계에 있는 눈금 같지 않아?

삼층에는 암술과 수술이 있어.

연녹색 수술이 5개 있고, 암술은 1개인데 꼭대기가 3개로 갈라져 있어.

장난감 헬리콥터 날개 같기도 하고 시침과 분침, 초침 같기도 해.

시계꽃을 한 번이라도 본 사람은 이름도 꽃 모양도 절대 잊을 수 없을 거야.

원래 시계꽃은 아메리카 대륙의 열대 지방에 살고 있었지만 꽃이 너무 예쁘고 독특해서 세계 곳곳으로 퍼져 나갔어. 관상용으로 인기가 좋아. 꽃만 보면 짐작하지 못하겠지만 시계꽃은 줄기가 4미터쯤 자라는 덩굴나무야. 덩굴손이 있어서 다른 나무들을 감고 올라가. 〈벌새와 시계꽃〉 그림을 보면 잘 알 수 있어. 구불구불 구부러지고 꼬부라진 줄기가 보여.

"나도 시계꽃이야.
내가 더 시계를 닮았어!"

어떤 식물학자는 시계꽃을 보고 이렇게 말했어.

'꽃에 대해 들어본 적은 있지만 꽃을 한 번도 본 적이 없는 공학자가 설계해서 만든 꽃 같지 않나요?'

하하, 정말로 그렇게 보여.

하지만 시계꽃만 이상할까.

이런 상상을 해 봐. 어느 날 물고기가 땅 위로 올라와 인간이 되었다고 말이야. 땅 위에 사는 생물들 중에 어쩌면 꽃이 가장 이상하게 보일지 몰라!

풀과 나무에 달려 있는 저게 뭐지?

너무 아름답고 화려하잖아!

어디에 쓰는 거야?

빨간색, 노란색, 파란색, 분홍색, 하얀색, 보라색, 온갖 색깔이 다 있어.

킁킁! 향기가 마음에 드는데?

그런데 며칠만 살고 죽는대!

그런 생물을 본 적 있어?

하지만 땅 위의 사람들은 꽃이 신기한 줄 모르고 살아.

그거 알아? 까마득한 옛날에는 꽃이 없었어!

과학자들은 공룡 시대에 최초로 커다란 꽃송이를 가진 식물이 나타났을 거라 추측해. 공룡이 거친 나뭇잎을 씹어 먹다 깜짝 놀랐을지 몰라.

"우걱우걱! 우걱우걱! 읍! 이게 뭐야?"
하하!

꽃은 지구에 아름다움만 선물한 게 아니야. 아름다운 꽃들 덕분에 지구의 생명체가 풍성해졌어.

1억 년 전쯤에는 지구에 식물이 3,000여 종이 있었어. 지금은 무려 250,000종이 살고 있어!

꽃과 곤충은 서로를 도와서 지구에 번성해. 영양분 많은 꽃가루와 꿀 덕분에 곤충들이 늘어나고, 곤충을 먹는 동물들도 늘어났어. 종류가 점점 많아졌어.

만약에 만약에 지구에 꽃이 없었다고 상상해 봐.

수많은 곤충이 없고, 곤충을 먹는 수많은 동물도 없고······.

어쩌면 사람도 생겨나지 못했을지 몰라. 어쩌면 그래서일지 몰라. 정신의 아주 깊은 곳에서부터 꽃이 아름답게 느껴지는 이유 말이야.

가르쳐주지 않아도 어린아이도 잘 알아.

꽃은 예뻐!

찾아보기

가시　78, 86, 88, 91, 119, 123~125
가짜 꽃　11, 114~116
곤충　21, 29, 37, 48, 81, 82, 96, 98, 107, 116, 127, 135, 141, 158, 177
관상용　174
광합성　4, 81, 105, 107, 125, 157
국화과　91, 98, 103, 109
군락　169
기공　125
꽃가루　13, 21, 27, 29, 37, 48, 70, 71, 73, 91, 127, 147, 167, 172, 177
꽃가루받이　13, 37, 48, 70, 71, 73, 81, 82, 98, 107, 116, 165
꽃가루주머니　13, 27, 29
꽃말　55, 64, 116, 146
꽃받침　116, 133, 174
꽃봉오리　20, 21, 65, 133
꽃송이　18, 27, 29, 68, 71, 73, 82, 96, 109, 112, 176
꽃잎　5, 13, 21~23, 27, 33, 36, 37, 42, 46, 48, 57, 69, 93, 95~98, 103, 109, 112, 114, 116, 127, 133, 135, 165, 171, 172, 174
나무　4, 15, 59, 81, 85, 93, 104, 111, 131, 148, 154, 155, 161, 174, 176
다윈　67, 70, 71
덩굴손　174
밑동　11, 150, 157
밑씨　13, 21, 27
번식　64, 169
볏과 식물　145, 150, 151, 155
뿌리　4, 15, 25, 31, 34, 39, 42, 46, 49, 80, 81, 88, 109, 124, 142, 143, 148, 151, 165
뿌리잎　91
뿌리혹박테리아　143
산성흙　116
생장점　10, 11, 150, 151, 157
솜털　81, 167, 169
수꽃　57, 73, 167
수술　13, 27, 47, 69, 70, 71, 73, 82, 98, 113, 114, 116, 165, 167, 172, 174

찾아보기

식물　4, 10, 13, 27, 29, 34, 39, 42, 46, 52, 57, 71, 78, 83, 91, 98, 99, 103, 109, 123~125, 135, 143, 145, 150, 151, 155, 176, 177

씨방　27

씨앗　4, 13~15, 23, 39, 49, 72, 75, 76, 78, 81, 82, 90, 91, 98, 103, 105, 107~109, 114, 127, 160, 161, 167~169

알뿌리　30, 31, 55, 57, 63, 64

암꽃　57, 73, 167

암술　13, 21, 27, 29, 37, 46, 48, 69~71, 73, 82, 98, 113, 114, 116, 165, 167, 172, 174

암술머리　27

여러해살이풀　31

열매　11, 13~15, 23, 31, 39, 48, 49, 72, 73, 81, 121, 127, 134, 135, 160, 167~169

영양분　31, 55, 81, 88, 105, 123, 157, 158, 161, 177

유전자　71, 72

잎맥　67

잎줄기　45

조화　27

죽순　156~158

줄기잎　91

진흙땅　46, 39, 42

한해살이풀　109

혀꽃　98

환경　4, 31, 71, 124

참고 도서

샤먼 앱트 러셀 지음, 석기용 옮김, 《꽃의 유혹》, 이제이북스, 2003

이브 파칼레 지음, 이세진 옮김, 《꽃의 나라》, 해나무, 2007

윌리엄 C. 버거 지음, 채수문 옮김, 《꽃은 어떻게 세상을 바꾸었을까?》, 바이북스, 2010

김태정 지음, 《우리 꽃 백 가지》, 현암사, 2010

헬렌 바이넘·윌리엄 바이넘 지음, 김경미 옮김, 《세상을 바꾼 경이로운 식물들》, 사람의무늬, 2017

이나가키 히데히로 지음, 김선숙 옮김, 《싸우는 식물》, 더숲, 2018

댄 토레 지음, 김의강 옮김, 《선인장》, 니케북스, 2019

피오나 스태퍼드 지음, 강경이 옮김, 《덧없는 꽃의 삶》, 클, 2020

스티븐 해리스 지음, 장진영 옮김, 《세계를 정복한 식물들》, 돌배나무, 2020

조너선 드로리 지음, 루실 클레르 그림, 조은영 옮김, 《식물의 세계》, 시공사, 2021

이나가키 히데히로 지음, 장은정 옮김, 《식물학 수업》, 키라북스, 2021

신혜우 지음, 《식물학자의 노트》, 김영사, 2021

오병훈 지음, 《게으른 식물은 없다》, 마음의숲, 2022

김진옥·소지현 지음, 《극한 식물의 세계》, 다른, 2022

허태임 지음, 《식물분류학자 허태임의 나의 초록 목록》, 김영사, 2022